POLYGLOTT on tour

Christine Metzger

New York

Top 12

besonderer Tipp

Warnung

Info

Hinweis

Restaurant

Unterkunft

Nightlife

Shopping

Literatur

POLYGLOTT-Top 12 Umschlagklappe vorne

Allgemeines

Acht Wege durch New York

Das von Frank Lloyd Wright entworfene Guggenheim Museum

Bildnachweis

Alle Fotos APA Publications/Tony Perrottet außer Udo Bernhart: 78, 83; Bildarchiv Deutsches Theater, München: 6; Rainer Hackenberg: 21-2, 44; Könemann Verlag/Bernhard Obermann: 7; laif/P. Gerhard: 15, 51; laif/Heeb: 17; laif/Hoffmann: 39; laif/Anna Neumann: 87; laif/Sasse: 13, 34, 37, 46; Sabine von Loeffelholz: 9, 10, 28-2, 31, 48, 57-1, 61, 69, 79-2, 88, 92, 93, 94-1, Umschlag Rückseite (1); TaurusFilm: 68; Wolfgang Veit: 73; Titelbild: LOOK/Christian Heeb.

GUGGENHEIM
MUS

Von Alvin Ailey bis Elisa Monte

Die New Yorker Tanzszene lebt – auch wenn Puristen behaupten, die Luft sei raus seit den 1980er Jahren und es käme nicht mehr viel Innovatives. Sicher haben es junge Choreographen wie Elisa Monte oder Trisha Brown schwer; internationale Erfolge wie die des 1958 gegründeten Alvin Ailey American Dance Theater, das afroamerikanische Elemente verarbeitet und mit seiner unvergleichlich souligen Funk-, Blues- und Gospel-Musik begeistert, zeugen jedoch davon, wie lebendig diese Szene nach wie vor ist.

City Center Theater, 131 W. 55th Ave., Tel. 581-1212, www.citycenter.org; Ⓢ 7th Ave.

Aaron Davis Hall, W. 135th St. (Ecke Convent Ave.), Tel. 650-6900, www.ticketmaster.com/venue/2/; Ⓢ 137th St.

The Joyce Theater, 175 8th Ave. (Nähe 19th St.), Tel. 242-0800, www.joyce.org; Ⓢ 18th St. oder 23rd St.

Danspace Project, St. Marks in the Bowery Church, 131 E. 10th St., Tel. 674-8112, www.danspaceproject.org; Ⓢ Astor Place.

Tanzbühnen

Ein umfangreiches Tanzprogramm hat beispielsweise das **City Center Theater** auf dem Spielplan, wo einer der besten Choreographen New Yorks, Paul Taylor, arbeitet. Hier treten so bekannte Companies wie etwa Merce Cunningham, Martha Graham, Trisha Brown, Twyla Tharp oder Alvin Ailey auf. Das Dance Theatre of Harlem, das 1968 von dem ehemaligen Tänzer des New York City Ballet, Arthur Mitchell, für die farbigen, tanzbegabten Kids von Harlem gegründet wurde, ist sowohl im City Center als auch in der **Aaron Davis Hall** zu sehen. Eine wunderbare Kulisse für die

Werke der Choreographin Elisa Monte oder des Pilobolus Dance Theater sowie für verschiedene Gast-Truppen bildet das ehemalige Kino **Joyce Theater.** Experimentelles Tanztheater zeigt das **Danspace Project** in der Kirche St. Marks in the Bowery.

Tanztickets

Da die guten Vorstellungen schnell ausgebucht sind, sollte man rechtzeitig reservieren. Insider-Informationen über die New Yorker Tanzszene sowie Termine und ausführliche Besprechungen von Aufführungen enthält das **Dance-Magazine,** das man an jedem größeren Kiosk bekommt. Die Tanztheater haben in der Regel von Oktober bis Januar und von März bis Juni Saison. Tickets sind bei den jeweiligen Veranstaltungshäusern nur mit telefonischer Vorbestellung erhältlich. Bei der Kartenreservierung hilft aber auch das **Times Square Visitor Center.**

Tanzstudios

Viel muss man nicht in den Koffer packen, wenn man vorhat, in New York aktiv am Tanzgeschehen teilzunehmen: Gymnastikanzug, T-Shirt, Trainingshose und Ballettschläppchen bzw. Jazztanzschuhe; zur Not genügt auch ein Paar dicke Tennissocken. Die Tanzstudios in Manhattan heißen Besucher gerne willkommen. Für rund 15 $ die Stunde ist man dabei, kann sowohl als Anfänger als auch als Fortgeschrittener mitmachen. Sogar das renommierte **Alvin Ailey American Dance Theater** bietet offene Kurse für Jazz, Step, Modern, Ballett oder afrikanischen Tanz. Verschiedene Richtungen des Jazztanzes sowie Hip Hop, Breakdance, Step und Aerobic werden im Studio **Manhattan Motion Dance** gelehrt. Bei den Tanzstudios **Steps On Broadway** und dem sich über drei Stockwerke erstreckenden **Broadway Dance Center** werden alle Stile von Jazz Dance über Modern Dance bis Ballett unterrichtet.

- **Alvin Ailey American Dance Theater,** The Joan Weill Center for Dance, 405 W. 55th St., Tel. 405-9000, www.alvinailey.org, Ⓢ Columbus Circle.
- **Manhattan Motion Dance,** 215 W. 76th St., Tel. 724-1673, www.manhattanmotion.com, Ⓢ 79th St.

Wen doch erst in New York die Lust packt, eine Tanzstunde zu nehmen, der kann sich bei **Canal Jeans,** 718 Broadway (zwischen Spring und Broome Sts.), Ⓢ Prince St., noch schnell günstige Tanzklamotten besorgen.

- **Dance-Magazine,** www.dancemagazine.com
- **Times Square Visitor Center,** 1560 Broadway, Nähe 46th St., Tel. 869-1890; Ⓢ Times Square.

- **Steps On Broadway,** 2121 Broadway, Tel. 874-2410, www.stepsnyc.com Ⓢ 72nd St.
- **Broadway Dance Center,** 221 W. 57th St., Tel. 582-9304, www.bwydance.com, Ⓢ 57th St. oder 7th Ave.

Madison Avenue, nördlich der 60th St., Ⓢ 59th St. Hier gehen die Millionäre einkaufen, die in der Upper East Side leben. Für alle anderen empfiehlt sich ein Schaufensterbummel. Sämtliche namhaften Designer sind mit palastartigen Läden vertreten.

Niketown, 6 E. 57th St., Ⓢ 59th St.

Lower Broadway, südlich und nördlich von Canal St., Ⓢ Canal St./Broadway.

Canal Street, Ⓢ Canal St./Broadway.

Kaufen! Haben! Man kann sich dem Sog einfach nicht entziehen in dieser Stadt, in der es alles gibt – und zudem alles im Überfluss. Wo Konsum derartige Blüten treibt, dass Schaufenster auf der **Madison Avenue,** der Luxus-Shopping-Meile in der Upper East Side, auf 15 Quadratmetern Fläche oft nur ein einziges Damenhandtäschchen ausstellen, wo man Sportschuhen Tempel baut, in denen einzelne, der Fußbekleidung dienende Objekte hinter Glas zur Schau gestellt werden wie mittelalterliche Kleinodien im Museum. **Niketown** heißt die Kultstätte und sie ist sehenswert. Kaufen kann man dieselben Produkte Downtown sehr viel billiger: Die »Shoetown« der Schnäppchenjäger liegt am **Lower Broadway,** wo man neben günstigen Schuh- auch Jeans- und Billig-Designerläden findet. An der **Canal Street** reihen sich Läden, in denen man Importartikel und die angeblich besten Imitate der Stadt erwerben kann.

Günstig einkaufen

Flohmärkte

The Annex, 6th Ave., Nähe 25th St., Ⓢ 23rd St.; Sa/So 9–17 Uhr.

SoHo Antique Market, Broadway/Grand St., Ⓢ Canal St.; Sa/So 10–18 Uhr.

IS 44 Flea Market, Columbus Ave. Ecke 76th St., Ⓢ 72nd St.; So 10–18 Uhr.

In den Billigläden wird zwar viel Schrott verramscht, aber jedes 20. Stück ist von einer Markenfirma, und wenn die Größe stimmt, hat man ein Super-Schnäppchen gemacht.

Manhattans fanatische Flohmarktjäger gehen im April auf Pirsch, wenn die frische Ware kommt, die von in den Wintermonaten ausgeräumten Speichern oder aus dem Süden der USA stammt, wo viele Händler überwintern. Für viele Manhattanites gehört der Flohmarkt-Besuch zum Wochenendprogramm – auch wenn der April vorbei ist. Zu den best organisierten und bekanntesten Flohmärkten gehört **The Annex,** der eine fantastische Antiquitätenabteilung hat. Die Geschichte von dem Bild, das hier vor Jahren für 300 $ verkauft wurde, aber etliche Nullen mehr wert war, trägt zum Mythos des Annex bei. Um in die Antiquitätenabteilung zu gelangen, muss man allerdings 1 $ Eintritt zahlen. Eine originelle Enklave im schicken SoHo ist der **SoHo Antique Market.** Am Sonntag wird ein Schulhof zum Trödelplatz mit einem bunt gemischten Angebot und viel liebenswertem Kleinkram: Auf dem **IS 44 Flea Market** auf der Upper West Side geht angeblich sogar Woody Allen auf die Suche, wenn etwas in der Wohnung fehlt.

Billig, billig

In Manhattan gibt es immer und überall »Sales«. Dann lassen die Geschäfte kollektiv (z. B. bei Schulbeginn oder anlässlich von Feiertagen) oder individuell (nach einem nicht durchschaubaren System) die Preise fallen. Auskunft gibt die Tagespresse, die dann seitenweise Werbung bringt, oder der monatliche **Sales & Bargains Report,** der alle Sonderverkäufe der Stadt auflistet.

Eine große Auswahl an Designer-, Kinder- und Sportbekleidung, Schuhen und Accessoires aller Art bietet **Century 21;** hier muss man sich Zeit nehmen und wühlen: Es lohnt sich. Designer-Kleidung für Frauen, u. a. von Prada, Gucci und Escada, gibt es zu sehr günstigen Preisen bei **Michael's.**

Dauerniedrigpreise für Kleidung, auch Designerware, bieten zudem das sich über fünf Stockwerke erstreckende **Loehmann's** und natürlich etliche Secondhand-Läden wie etwa **What Comes Around Goes Around** mit günstigen Jeans und Lederwaren oder **Designer Resale** auf der vornehmen Upper East Side. In Manhattan gibt es jede Menge Multimillionäre, die ihre Garderobe nach dem ersten Tragen sofort wieder abstoßen.

Sales & Bargains Report, für 10 $ erhältlich bei Lazar Shopping Publications, 108 E. 33th St., NY 10016, Tel. 683-7612, www.lazarshopping.com

Century 21, 22 Cortlandt St., Ⓢ Cortlandt St.

Michael's, 1041 Madison Ave., zwischen 79th und 80th Sts., 2. Stock; Ⓢ 77th St.

Loehmann's, 106 7th Ave., Nähe 17th St., Ⓢ 18th St.

What Comes Around Goes Around, 351 West Broadway (zwischen Broome und Grand Sts.), www.nyvintage.com, Ⓢ Canal St.

Designer Resale, 324 E. 31st St., Ⓢ 77th St.

Spaß & Action gratis

Unter dem Motto **»Music Under New York«** gibt es das ganze Jahr über kostenlose Konzerte in diversen U-Bahnhöfen. Infos: www.mta.nyc.ny.us/mta/aft/muny.htm

Staten Island Ferry, täglich 24 Stunden, Abfahrt alle halbe Stunde ab Staten Island Ferry Terminal, Ⓢ South Ferry.

Big Apple Greeter, 1 Centre St., Nähe Chambers St., Tel. (212) 669-8159, www.bigapplegreeter.org, Ⓢ Brooklyn Bridge/City Hall.

New York wird immer teurer. Da ist es doch tröstlich zu wissen, dass es in dieser Stadt vieles gibt, was man genießen kann, ohne dafür mit harten Dollars zu zahlen. So kann man sich gleich zum Auftakt der Reise einen ersten Eindruck von der Südspitze Manhattans verschaffen: Die Fahrt mit der **Staten Island Ferry** (s. auch S. 44) ist kostenlos und der Blick vom Wasser auf die Skyline Manhattans traumhaft.

Auch Insider-Wissen gibt es umsonst: Die **Big Apple Greeter** führen Gäste durch ihre Stadt, zeigen versteckte Winkel oder bekannte Sehenswürdigkeiten. Die Organisation besteht aus mehreren hundert Freiwilligen, die New York lieben und ihre Begeisterung gerne mit Auswärtigen teilen möchten. Man muss sich nur rechtzeitig anmelden und seine Interessen und Wünsche (z. B. Touren durch bestimmte Stadtviertel) präzise äußern. Es gibt auch Guides, die Deutsch sprechen. Freilich, so ganz umsonst sollte man die Dienste nicht in Anspruch nehmen, denn der Anstand gebietet, dass man die Menschen, die ehrenamtlich arbeiten und ihre Freizeit opfern, zumindest auf einen Kaffee oder einen Imbiss einlädt.

Central Park: Fun zum Nulltarif

Am Sonntag verwandelt sich der Central Park in eine Bühne, auf der sich die Manhattanites in Szene setzen und wo man jede Menge Spaß und Action umsonst geboten bekommt. So kann man sich z. B. den Eintritt für den kleinen Zoo sparen, wenn man Schlangen sehen will: Die New Yorker nehmen ihre Haustiere mit ins Grüne und lassen sie laufen. Zum Glück angeleint. Auf der Mall promeniert ganz New York, am **Bandshell** kann man Disco Dancern zusehen, die zu heißen Rhythmen zeigen, was für Kunststücke man auf Skates vollführen kann. Eine beliebte Bühne für Sänger, Akrobaten und Musiker ist **Bethesda Terrace,** wo man immer Außergewöhnliches zum Nulltarif zu sehen bekommt.

Central Park, südlicher Teil, Ⓢ 5th Ave.

The Bandshell, Central Park, zwischen Mall und Bethesda Fountain, Ⓢ 68th St.

Bethesda Terrace, Central Park, beim Bethesda Fountain, Ⓢ 68th St.

Filme und Konzerte

Wenn die sommerliche Hitze über der Stadt lastet, wird New York zur Outdoor-Bühne. Von Juni bis August geben die **New York Philharmonics** kostenlose Konzerte in verschiedenen städtischen Parks, im selben Zeitraum finden auch **Summer-Stage** und das **Bryant Park Film Festival** (s. auch S. 78) statt. SummerStage im Central Park bietet kostenlose Musikveranstaltungen von Latin Music bis Oper. Im Rahmen des Film Festival werden im Bryant Park hinter der New York Public Library von Juni bis September jeden Montag nach Sonnenuntergang Kultfilme gezeigt, bei freiem Eintritt.

New York Philharmonics, Veranstaltungshinweise unter Tel. 875-5656.

SummerStage, Central Park, Rumsey Playfield, Nähe 72nd St., Veranstaltungshinweise unter Tel. 360-2777, Ⓢ 68th St.

3 **Bryant Park Film Festival,** Bryant Park, Ecke 42nd St./6th Ave., Veranstaltungshinweise unter Tel. 922-9393, Ⓢ 42nd St.

Umsonst gesehen

Museumsbesuche sind teuer, aber nicht immer und nicht zu jeder Tageszeit. Viele Museen laden an bestimmten Wochentagen zum freien Besuch ein oder locken mit dem Motto »Pay as you wish«, also »Zahl, was Du willst«. Frei ist der Eintritt ins **American Folk Art Museum** (s. S. 75) Fr 17.30 bis 19.30 Uhr, und ins **Museum of Modern Art** (s. S. 75) Fr 16–20 Uhr. »Pay as you wish« heißt es im **Whitney Museum of American Art** (s. S. 90) Fr 18–21 Uhr und im **Jewish Museum,** das mit mehr als 27 000 Exponaten 4000 Jahre jüdischer Vergangenheit lebendig werden lässt, Do 17 bis 21 Uhr.

Jewish Museum, 1109 Fifth Ave., Ⓢ 86th St.; So–Mi 11–17.45, Do 11–21, Fr 11–15 Uhr.

Metropole für Millionen

Stadt der Städte

Eine Liste von »100 Sehenswürdigkeiten in New York« aufzustellen, ist ein Leichtes. Man muss Manhattan gar nicht verlassen, um sie mit Gebäuden, Kirchen, Denkmälern, Brücken, ausgefallenen Geschäften, Museen, Museen, Museen zu füllen – die Begriffe »einzigartig«, »Epoche machend«, »unvergleichlich« stellen sich dabei von selbst ein.

Was diese Stadt abgesehen von den gigantischen Zahlen (s. unten) so attraktiv macht, sind ihre Bewohner, Menschen verschiedenster Nationalitäten, die im Lauf der Jahrhunderte alle ein bisschen zum Mosaik New York beigetragen haben. Durch ihre Art zu leben und zu feiern, durch ihren Humor, ihren kritischen Geist. Durch ihre Kreativität, die New York zum Mekka für Maler, Literaten, Schauspieler, Musiker und Filmemacher werden ließ. Verkleinert und aufs Wesentliche konzentriert liegt in New York die ganze Welt – in ihrer ethnischen Vielfalt ebenso wie in ihrer Schaffenskraft und Destruktion.

Kein Wunder, dass die Gegensätze aufeinander prallen wie in keiner anderen Stadt der westlichen Hemisphäre. Sozial: In der Upper East Side leben die meisten Millionäre der USA; in Chinatown schuften mehr als 35 000 illegal Eingewanderte für Hungerlöhne in den Sweatshops der Billigschneidereien. Geografisch: Nur Straßenzüge trennen China von Italien; man kann von Asien in die Karibik spazieren, in afrikanischen Rhythmen oder im europäischen Mittelalter versinken, sich durch die ganze Welt essen. Infrastrukturell: Da sieht man High-Tech-Gebäude und stolpert gleich daneben über zerborstene Gehsteige.

Aus der Spannung, die diese Gegensätze erzeugen, lebt New York – als »wunderbare Katastrophe«, wie es Le Corbusier formulierte, als »schönes Desaster in einem Saum von blauer Seide«, wie O. Henry schrieb. Diese Spannung ist es, die das einzigartige Lebensgefühl erzeugt, ein Gefühl, das Ingeborg Bachmann in dem Hörspiel »Der gute Gott von Manhattan« so treffend charakterisiert hat: »Und die Menschen fühlten sich lebendig, wo immer sie gingen, und dieser Stadt zugehörig – der einzigen, die sie je erfunden und entworfen hatten für jedes ihrer Bedürfnisse. Diese Stadt der Städte, die in ihrer Rastlosigkeit und Agonie jeden aufnahm und in der alles gedeihen konnte. Alles!«

Gigantische Zahlen

Mehr als 150 Museen, über 400 Galerien. Rund 70 000 Hotelzimmer, 18 000 Restaurants. 4373 Busse, 5800 U-Bahn-Wagen, 12 000 Taxis. 1543 Parks und Spielplätze, darunter der Central Park, der allein 5 % der Gesamtfläche New Yorks einnimmt. 65 Brücken, etwa 200 Wolkenkratzer, 10 240 km Straßen. Jährlich 3,5 Mio. Besucher im Empire State Building.

Lage und Größe

New York befindet sich auf der Höhe von Neapel, also auf knapp 41° nördlicher Breite und 74° westlicher Länge. Die gesamte Stadt bedeckt eine Fläche von 785 km². Von den fünf

Touristen auf der Fähre zur Freiheitsstatue, im Hintergrund die Skyline Manhattans

Stadtgemeinden, *boroughs* (Bezirke) genannt, liegt nur die Bronx auf dem Festland; Manhattan und Staten Island sind Inseln, Brooklyn und Queens nehmen die Westspitze von Long Island ein. Manhattan, mit 59 km² Fläche der kleinste, aber am dichtesten besiedelte Stadtteil, ist 21,5 km lang und 1,3–3,7 km breit.

New York liegt im Mündungsgebiet des Hudson River. Der East River, der Manhattan im Osten begrenzt, ist kein eigentlicher Fluss, sondern lediglich eine Verbindung zwischen dem Long Island Sound und der Upper New York Bay.

Klima und Reisezeit

250–300 Sonnentage genießt New York im Jahr. Hochdruckgebiete sind beständig, schlechtes Wetter zieht meist schnell vorbei. Man hüte sich jedoch vor den Hochsommermonaten Juli und August: Wegen der hohen

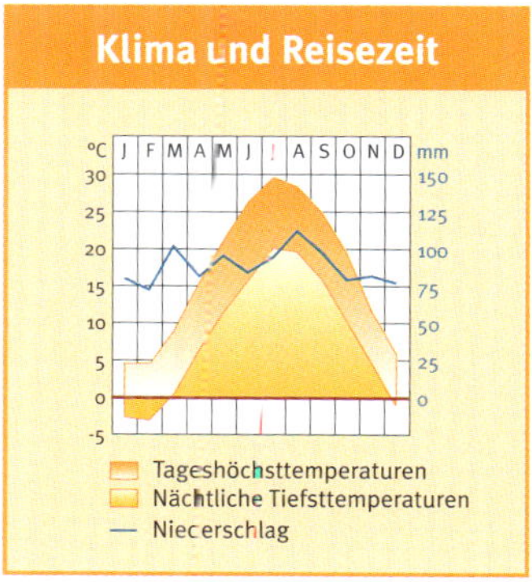

Luftfeuchtigkeit ist es in den Straßenschluchten unangenehm schwül, bei Temperaturen von 30–39 °C vergeht einem jede Lust zur Stadtbesichtigung. Obwohl New York am Meer liegt, kann man nicht einfach ins Wasser springen, um sich abzukühlen: Die Strände, die man mit öffentlichen Verkehrsmitteln erreicht, sind überlaufen und ziemlich verdreckt. Die Nobelstrände hingegen liegen eine halbe Tagesreise von Manhattan entfernt auf Long Island und sind teilweise nur Anwohnern vorbehalten.

Auch der Winter ist in New York keine wahre Freude. Ein eisiger Wind weht um die Blocks. Schneefälle können so heftig sein, dass der Straßenverkehr zusammenbricht – Bilder von Skilangläufern auf der Fifth Avenue sind keine Fotomontagen. Ideale Temperaturen bieten die Monate Mai, Juni, September und Oktober.

Bevölkerung und soziale Probleme

Amerika war immer ein Land, das Einwanderer willkommen hieß. Aber längst nicht alle. Man wollte Weiße, aber am liebsten nur solche, die nicht jüdisch und nicht katholisch waren. Entsprechend war auch das Einwanderergesetz (Quota Act) ausgerichtet, das 1924 in Kraft trat und dafür sorgte, dass das Gros der Einwanderer aus Nord- und Mitteleuropa kam.

1965 wurde dieses Gesetz geändert. Die Quotenregelung blieb bestehen, aber Amerika öffnete nun Menschen aus allen Ländern die Tür. Neben anderen Faktoren, wie der Abwanderung der Weißen in die Vorstädte, veränderte dieses Gesetz die demographische Entwicklung New Yorks drastisch: Die Vielfalt der ethnischen Gruppen ist besonders ausgeprägt. Bereits in den 1980er Jahren verloren die Weißen die absolute Mehrheit.

Die Mehrheiten schrumpfen, die Minderheiten wachsen – New York wird immer kosmopolitischer. Das Ergebnis der letzten Volkszählung von 2000 verdeutlicht diese Trends: Die Weißen stellen heute nur mehr 35 % der Gesamtbevölkerung. Erstmals in der Geschichte der Stadt leben inzwischen mehr Hispanier (27 %) als Schwarze (25 %) in New York.

Die Neueinwanderer können sich keine Wohnungen in Manhattan leisten. Little Colombia, Little Odessa, Little Arabia und die Chinatowns des 21. Jahrhunderts liegen in den Boroughs. In Brooklyn und vor allem in Queens, dem ethnisch gemischtesten Viertel der Stadt. Wer mit der U-Bahnlinie 7 vom Times Square nach Flushing fährt, kann eine Weltreise machen: Angehörige von 126 Nationen sollen an der Roosevelt Avenue wohnen. Viele davon sind illegale Einwanderer und viele leben unter Bedingungen, die denen der Slums des 19. Jahrhunderts ähneln.

Nach wie vor tendieren Neueinwanderer dazu, die Nähe ihrer Landsleute zu suchen. Erst die zweite Generation löst sich aus diesen Grenzen und übernimmt den »american way of life«. Die Entwicklung in den Stadt-

vierteln verläuft nach denselben Gesetzen wie früher in Manhattan: Eine ethnische Gruppe übernimmt nach und nach Straßenzüge und Häuserblöcke und verdrängt die Gruppe, die vorher dort lebte. Diese wiederum zieht geschlossen um und erobert andere Viertel und Boroughs.

Obdachlose, Drogensüchtige, Rassenkonflikte, Kriminalität – wie jede Großstadt hat auch New York mit diesen Problemen zu kämpfen. Dabei hat sich das ehemalige »enfant terrible«, das sich selbst gerne mit dem Mythos umgab, besonders gefährlich zu sein, inzwischen zum Musterknaben gewandelt. Seit Bürgermeister Giuliani mit seiner Law-and-Order-Politik durchgegriffen hat, reisen sogar seine Amtskollegen aus Deutschland an, um von New York zu lernen. Denn die Kriminalitätsrate ist heute in deutschen Großstädten höher als in New York.

Soziale Probleme wurden aber nicht gelöst, vielmehr wurden die Ärmsten der Armen aus dem Stadtbild verdrängt und leben in Randgebieten. Das Elend ist zwar nicht mehr sichtbar, aber dennoch vorhanden.

Steckbrief

- New York besteht aus fünf Stadtgemeinden, den so genannten *boroughs:* Manhattan, Brooklyn, The Bronx, Queens und Staten Island.
- **Gesamtfläche New Yorks:** 785 km², davon Manhattan 59 km², mit 21,5 km Länge und 1,3–3,7 km Breite.
- **Bevölkerung:** 8 Mio., davon entfallen auf Manhattan 1,5 Mio., auf Brooklyn 2,5 Mio., auf Queens 2,2 Mio., auf die Bronx 1,3 Mio. und auf Staten Island 444 000.
- **Bevölkerung im gesamten Ballungsraum:** 18 Mio.
- **Ethnische Gruppen:** 35 % Weiße, 27 % so genannte Hispanics aus der Karibik und Zentralamerika, 25 % Schwarze. Die Zahl der Asiaten ist in den letzten 20 Jahren von 3,4 % auf 10 % gestiegen.

Wirtschaft

Medien, Mode, Finanzen, Handel – New York weist in allen Bereichen Superlative auf und ist eine der wichtigsten Wirtschaftsmetropolen der Welt. Ihre Rolle als Industriestandort hat die Stadt inzwischen längst verloren; seit den 1960er Jahren zogen sich immer mehr Betriebe aus New York zurück und suchten Standorte mit besserer Infrastruktur auf.

New York schlitterte dadurch in eine schwere Krise: Die vielen Immigranten – ungelernte Arbeiter und des Englischen nicht mächtig – verloren ihre Arbeitsplätze. Allein die Textilindustrie spielt noch eine wichtige Rolle, nicht zuletzt deshalb, weil zigtausende illegal Eingereiste hier unter schlimmsten Bedingungen beschäftigt sind. Große wirtschaftliche Bedeutung hat New York auch als Handelsplatz: Der Port of New York and New Jersey ist einer der größten und wichtigsten Häfen der Welt.

Mit Recht bezeichnet sich New York als mächtigstes Finanzzentrum der Welt. Hier sind die größten amerikanischen Bankhäuser angesiedelt, die New York Stock Exchange ist die größte Börse der Welt. Auch im Bereich der Massenkommunikation konzentriert sich alles in New York: Verlage, Rundfunk- und Fernsehanstalten sowie Werbeagenturen sind hier so zahlreich vertreten wie in keiner anderen US-amerikanischen Stadt.

Nachdem New York in den 1970er Jahren kurz vor der Pleite stand, erholte es sich in den 1990er Jahren in unerwarteter Weise. Grund dafür war einerseits der allgemeine Aufschwung unter Präsident Clinton, aber auch die Politik des Bürgermeisters Giuliani: Sein Feldzug gegen Kriminalität und Schmutz zeigte Wirkung. Die Wirtschaft fühlte sich wieder wohl, die Börse boomte und New York boomte mit: Die Immobilienpreise waren so hoch wie nie, und auch die Touristen strömten wieder in Massen in die inzwischen glatt und konsumierbar gewordene Stadt.

Als wichtigstes Finanzzentrum der Welt hängt New York mehr als jede andere Stadt am Tropf der Börse. Deren Niedergang im ausgehenden 20. Jh. läutete das Ende der rosigen Zeiten ein. Die Terroranschläge am 11. September 2001 taten ein Weiteres zur Verschlechterung der wirtschaftlichen Lage.

Heute ist New York wieder einmal knapp bei Kasse. Das Haushaltsloch beträgt fast vier Milliarden Dollar. Bürgermeister Bloomberg muss sparen und zugleich die Sicherheits- und Anti-Terror-Maßnahmen mitfinanzieren, die seit dem 11. September durchgeführt werden und pro Woche fünf Millionen Dollar kosten.

Umwelt

Überdimensioniert wie alles in dieser Stadt sind auch die Umwelt- und Müllprobleme: Dass der Staat New York zu den amerikanischen Staaten mit der stärksten Luftverschmutzung zählt, geht auf das Konto von New York City. Mülltrennung und Recycling wird in den USA nur in wenigen Gemeinden konsequent betrieben – New York zählt eindeutig nicht dazu. Die Stadt produziert täglich 15 000 t Müll. Seit die Deponie Fresh Kills auf Staten Island Ende 2001 geschlossen wurde, müssen die New Yorker ihren Abfall für teures Geld in andere amerikanische Staaten schippern.

Midtown Manhattan mit dem Empire State Building

CIRCLE LINE

Politik in einer unregierbaren Stadt

In den 1960er Jahren prägte Bürgermeister John Lindsay das Wort von der »Unregierbarkeit« New Yorks: Chronische Geldnot, Korruption, eine Infrastruktur, die an allen Ecken und Enden nach Investitionen schreit – wer kann dagegen schon »anregieren«?

1997 nun trat ein Mann seine zweite Amtsperiode an, der diese Probleme scheinbar in den Griff bekommen hat: Rudolph Giuliani. Unter seiner Ägide wandelte sich New York vom Schmuddelkind zum Einserschüler der Nation. Es wurde geputzt und geschniegelt – bestes Beispiel ist die »Disneysierung« des Times Square. Die Stadt profitierte vom Börsenboom, und Giuliani investierte kräftig: Er stockte die Polizei auf, die in seinem Sinn und recht brutal gegen Obdachlose und Kleinstkriminelle vorging.

Giulianis Politik war höchst umstritten. Erst mit dem 11. September 2001, in dessen Folge sich Giuliani als fähiger und umsichtiger Katastrophenmanager erwies, stieg der Bürgermeister zum Helden auf. Seine Wiederwahl stand nicht zur Debatte, da ein Gesetz die Amtszeit auf zwei Legislaturperioden begrenzt. Die Stadt war an sich reif für einen demokratischen Kandidaten, aber Giuliani erfreute sich nach dem 11. September derartiger Beliebtheit, dass die New Yorker auf seine Empfehlung hin den Republikaner Michael R. Bloomberg wählten.

Der Medienmillionär Bloomberg hat sich bisher nur Meriten erworben, indem er ein striktes Rauchverbot einführte. Ansonsten spart Bloomberg: Er schließt Feuerwachen, kürzt bei der Müllabfuhr, erhöht Abgaben. Er blättert im dicken Strafmandatkatalog der Stadt und forciert bislang unbeachtete Gesetze, um zu Geld zu kommen.

Geschichte im Überblick

1524 Giovanni da Verrazano segelt in die Upper New York Bay.

1624 Wallonen lassen sich an der Südspitze von »Mannahatta« nieder.

1626 Peter Minuit, Gouverneur der Siedlung »Nieuw Amsterdam«, kauft den Indianern Manhattan mit Glasperlen, Knöpfen und ähnlichem Tand im Wert von ca. 24 $ ab.

1664 Gouverneur Peter Stuyvesant muss die Stadt kampflos den Engländern übergeben. Aus Nieuw Amsterdam wird New York.

1776 Die Kolonien erklären ihre Unabhängigkeit von Großbritannien. Britische Truppen besetzen New York bis 1783.

1785 New York wird Hauptstadt der neu gegründeten Vereinigten Staaten von Amerika, behält diesen Status aber nur fünf Jahre.

1792 Unter einer Platane in der Wall Street wird die Börse gegründet.

1811 Eine wichtige Entscheidung für das Erscheinungsbild der Stadt fällt: Künftige Straßen sollen im Schachbrettmuster angelegt werden.

1825 Durch den Bau des Erie-Kanals gewinnt New York enorm an wirtschaftlicher Stärke.

1848/49 Nach der gescheiterten Revolution in Deutschland kommen viele politische Flüchtlinge nach New York.

1858 Calvert Vaux und Frederick Law Olmsted legen Pläne zur Anlage des Central Park vor.

1880 Das Metropolitan Museum of Art wird eröffnet.

1883 Einweihung der Brooklyn Bridge, lange Zeit die längste Hän-

gebrücke der Welt. Die Metropolitan Opera gibt ihre erste Vorstellung.
1886 Die Freiheitsstatue, ein Geschenk Frankreichs, wird eingeweiht.
1892 Ellis Island, eine kleine Insel im New Yorker Hafen, wird zur Aufnahmestelle für Einwanderer.
1898 Manhattan, Brooklyn, Bronx, Staten Island und Queens schließen sich zu Greater New York zusammen.
1902 Mit dem Flatiron Building erhält New York seinen ersten Wolkenkratzer.
1913 In New York steht das höchste Gebäude der Welt: das Woolworth Building. Erst 1930 wird es vom Chrysler Building übertroffen.
1919–1932 Prohibition: Herstellung, Transport, Verkauf und Import alkoholischer Getränke werden bundesweit verboten. Überall in der Stadt entstehen daraufhin so genannte *speakeasies,* illegale Kneipen.
1929 In der Wall Street kommt es am »Schwarzen Freitag« zum Börsenkrach. Eine wirtschaftliche Talfahrt in den USA und weltweit beginnt.
1931 Trotz der Depression wird das Empire State Building gebaut.
1933-1945 Während der Diktatur der Nationalsozialisten in Deutschland suchen viele ethnisch oder politisch Verfolgte in New York Zuflucht.
1939 Zehn Jahre nach seiner Gründung durch Abby Aldrich Rockefeller bezieht das Museum of Modern Art sein neues Gebäude an der 53rd Street.
1943 In Harlem, das in den 1920er Jahren zum Ghetto der Schwarzen wurde, brechen Rassenunruhen aus.
1946 New York wird Sitz der 1945 gegründeten Vereinten Nationen (UNO).
1959 Das von Frank Lloyd Wright entworfene Guggenheim Museum öffnet seine Tore.
1970 New York verliert an Anziehungskraft. Immer mehr Bürger und Firmen verlassen die Stadt. Dieser Trend hält bis etwa 1976 an.
1975 Die chronischen finanziellen Schwierigkeiten der Stadt erreichen einen Höhepunkt: Der Konkurs kann nur durch einen Überbrückungskredit des Bundes verhindert werden.
1979 Woody Allen dreht den Film »Manhattan«, eine der schönsten Liebeserklärungen an New York.
1980 Der Ex-Beatle John Lennon wird vor dem Dakota Building am Central Park erschossen.
1983 An der Fifth Avenue entsteht der Trump Tower. Er ist ein Zeichen für die allmähliche Überwindung der wirtschaftlichen Stagnation.
1987 »Schwarzer Montag« an der Wall Street mit Kurseinbrüchen von über 30 % des Gesamtwerts aller gehandelten Aktien.
1991 Die Ergebnisse der Volkszählung von 1990 wirken auf viele weiße New Yorker alarmierend: Zum ersten Mal in der Geschichte der Stadt stellen sie nicht mehr die absolute Mehrheit.
2001 Am 11. September werden die beiden Türme des World Trade Center bei einem Terrorakt zerstört. Über 3000 Menschen sterben.
2004 Die New Yorker U-Bahn feiert ihren 100. Geburtstag.
2005 Christo und Jeanne-Claude realisieren ihr Projekt »The Gates« im Central Park.
2006 Auf Ground Zero wird mit den Bauarbeiten für den Freedom Tower begonnen.

Kultur gestern und heute

Stadtplanung und Architektur

Stadtplanung in dem Sinn, wie wir sie aus Europa kennen, gab es in New York nicht. Kein weltlicher oder kirchlicher Machthaber trat hier an, um seine Visionen zu verwirklichen; es gab keinen Plan, der nach Triumphbogen, offenen Plätzen oder Aufmarschflächen rief. Wohl fanden die jeweiligen Anforderungen der Zeit ihren Niederschlag im Stadtbild – der Wall, um sich nach Norden zu schützen, heute Wall Street, der Exerzierplatz, heute Washington Square.

Im Prinzip aber baute jeder, was er wollte und wohin er wollte, genauer formuliert: Es baute jeder, was er sich leisten konnte. Die Stadt, also die öffentliche Hand, leistete dabei recht wenig und mischte sich nicht ein: Der Bahnhof, Grand Central, wurde von den Vanderbilts errichtet, denen die Eisenbahnlinien gehörten; die erste Oper stifteten sich die Reichen selbst.

Zaghafte kommunale Eingriffe

Wirklich planerisch griffen die Stadtväter zum ersten Mal 1811 ein, das aber mit weit reichenden Folgen: Sie legten fest, dass die ganze Insel Manhattan mit einem rasterförmigen Straßennetz überzogen werden sollte, wobei sie allerdings völlig vergaßen, auch für Parkanlagen zu sorgen. Das Areal für den Central Park wurde erst 1856 auf Betreiben namhafter New Yorker Bürger zurückgekauft.

Ein zweites Mal sah sich die Stadt 1916 zum Eingreifen veranlasst; damals baute man bereits seit längerem mit Stahlskelettkonstruktionen, die es ermöglichten, Wolkenkratzer zu errichten: In New York war 1902 der erste fertig gestellt worden, das Flatiron Building, ein eher zurückhaltender Bau. Ganz anders das Equitable Building, das 1915 am Broadway entstand: ein Monster in H-Form, 40 Stockwerke hoch und einen ganzen Block einnehmend! Die Wände waren gerade, ohne einen einzigen Rücksprung, sodass die Umgebung im Schatten versank.

The Skyscraper Museum widmet sich ausschließlich dem Thema Wolkenkratzer und Skylines. Alle Aspekte der himmelstürmenden Giganten werden beleuchtet: Was sie waren, was sie sind und was sie sein werden. Die permanente Ausstellung konzentriert sich auf Manhattan, zudem finden wechselnde Ausstellungen statt (2 West St., Battery Park City, www.skyscraper.org; Mo geschl.).

Das erste Baugesetz

Der Protest der Bürger kam so heftig, dass die Stadt sich gezwungen sah, ein Baugesetz *(zoning law)* zu erlassen – das erste Baugesetz der USA! Die darin enthaltene Forderung, dass die oberen Geschosse von Hochhäusern in bestimmten Abständen zurückgesetzt werden mussten, um Licht in die Straßen fluten zu lassen, prägte die Architektur der Wolkenkratzer entscheidend. Die so genannte Hochzeitskuchenform – die Gliederung der Bauten in Sockel, Turm und Spitze – die man z. B. beim Empire State Building sieht, entwickelte sich aufgrund dieser Verordnung.

International Style und Postmoderne

Zu einer Änderung dieses Gesetzes kam es 1961. Anlass war die Errichtung des Seagram Building, das Lud-

Das Equitable Building in H-Form

wig Mies van der Rohe und Philip Johnson 1958 an der Park Avenue als einen schlichten Turm mit gerader Fassade entworfen hatten. Es folgte den Regeln des International Style, einer Weiterentwicklung der Bauhaus-Idee, der schlichte, funktionale Gebäude favorisierte. Das Aufsehenerregende war, dass die Architekten zu seinen Füßen einen freien Platz ließen – Platz,

Alt und Neu in Downtown Manhattan

der an der teuren Park Avenue ein Vermögen wert war. Es ist heute kaum nachzuvollziehen, wie diese unbelebte Fläche derart Furore machen konnte. Tatsache aber ist, dass von 1961 an ungegliederte Einzelhochhäuser favorisiert wurden, die sich über öffentlich zugänglichen Platzanlagen erheben. Positive Auswirkungen hatte das Gesetz dort, wo man öffentlichen Raum in Form von kostenlos zugänglichen Museen schuf oder Foyers begrünte.

Die Postmoderne manifestiert sich v. a. auf der nordöstlichen Seite von Midtown; eines der interessantesten Gebäude steht an der 135 E. 57th Street. Ausgefallen ist der Bau 885 Third Avenue – die New Yorker nennen den elliptischen Turm in Rotbraun und Rosa »Lipstick« (Lippenstift).

Es geht auch ohne Staat!

Es ist kaum zu glauben: In der Welthauptstadt der Kunst existiert der Kulturbetrieb weitgehend ohne staatliche Subventionen. Über ihre bloße Existenz hinaus sind Kunst und Kultur hier lebendig, treiben bunte Blüten, setzen Trends und nehmen innovative Impulse auf. Ganz ungebremst von bürokratisch-politischen Kulturverwaltern. Wie das geht? Ganz einfach: Für Leute, die ein gewisses Einkommen und Sozialprestige genießen, gehört es zum guten Ton, als Sponsoren für die Kunst aufzutreten. Sie stiften Geld, ihre Sammlungen, ganze Museen oder Bibliotheken. Der Staat wiederum dankt ihnen dies durch Steuervorteile. Engagiert sind aber auch diejenigen, die nicht zu den Großverdienern gehören: als Mitglieder bestimmter kultureller Einrichtungen oder als ehrenamtliche Helfer.

Exilliteratur

Der Großteil der Menschen, die während der Diktatur der Nazis Deutschland und Österreich verlassen mussten, fand in den USA Aufnahme. Unter ihnen viele Künstler und Schriftsteller, die sich v. a. von New York angezogen fühlten: Hier lebten 40 % aller vor Hitler Geflohenen, 2 Mio. Juden bestimmten das geistige Klima.

Die Exil-Gemeinde konzentrierte sich in Morningside Heights rund um die Columbia University, das im Volksmund den Titel »Viertes Reich« führte. Im »Sternberg's Famous Dairy Restaurant«, im »Tip Toe Inn« und im »Eclair's« traf man sich zu politischen Diskussionen, bedient von Kellnern, die mit Recht »Herr Professor« tituliert wurden: Nur wenige Intellektuelle konnten in den USA ihre gelernten Berufe ausüben, das Gros musste sich mit irgendwelchen Jobs über Wasser halten. Die Möglichkeit, in den USA deutschsprachige Bücher zu publizieren, gab es nicht. Umso größere Bedeutung kam während der ganzen Emigrations- und Kriegszeit der Zeitschrift »Der Aufbau« zu, die 1934 als Organ des Deutsch-Jüdischen Clubs in New York als Monatszeitschrift gegründet worden war und Schriftstellern und Philosophen Publikationsmöglichkeiten bot.

Jazz

Die Geburtsstadt des Jazz ist nicht New York, sondern New Orleans, wo die Musik von Schwarzen und für Schwarze gespielt wurde. Als sich New York in den 1920er und 1930er Jahren zum Mekka der Jazzmusiker entwickelte, änderten sich sowohl Publikum als auch Stil. Die »wilde Musik« des Südens wurde gewissermaßen domestiziert, dadurch aber auch variiert und bereichert. In der Big-Band-Ära zog es die Weißen nach Harlem, schwarze Gäste hatten zu den meisten Clubs keinen Zutritt.

Die legendären Harlemer Clubs wie Savoy Ballroom oder Cotton Club existieren nicht mehr; es gibt zwar noch einen Cotton Club, aber der hat mit dem historischen nur den Namen gemein. Lohnend jedoch ist ein Besuch im **Apollo Theater** (s. S. 85). Es wurde 1914 eröffnet und war damals nur Weißen zugänglich. 1934 ließ der (weiße) Besitzer Frank Schiffmann auch Schwarze zu, und damit begann der Ruhm des Theaters. Im Zeichen der Wiederbelebung Harlems wurde im Jahr 2000 die renovierte **Lenox Lounge** (s. S. 85) wiedereröffnet, in der schon Billie Holiday auftrat. Die Hauptstraße des Jazz war die 52nd Street: Dort lag der nach Charlie »Bird« Parker benannte Club **Birdland.** Dieses Birdland gibt es längst nicht mehr, ein Club gleichen Namens liegt in der 315 W. 44th St. Das älteste noch existierende Jazzlokal ist das **Village Vanguard** im Greenwich Village aus den 1930er Jahren (s. S. 33).

Ist es der Ritterschlag für die »schwarze Musik« Amerikas? Oder die Verbürgerlichung des Jazz, den man früher in rauchigen Kneipen genoss? Wie immer: In New York gibt es seit 2004 den ersten eigens für Jazz konzipierten Konzertsaal. **»Jazz at Lincoln Center«** fand seine neue Heimat im fünften Stock des Time Warner Center (s. S. 93). Das Rose Theater fasst 1200 Menschen, die Akustiker haben Grandioses geleistet, um den besonderen Bedingungen des Jazz gerecht zu werden. 600 Zuhörer finden im Allen Room Platz, hinter dessen Bühne eine Glaswand den spektakulären Blick auf die Skyline freigibt.

Veranstaltungskalender

In New York leben die verschiedensten Volksgruppen, und alle feiern sie ihre Feste, wie sie fallen, sodass eigentlich immer in irgendeinem Stadtviertel etwas los ist. Große Umzüge und Paraden bewegen sich gewöhnlich durch die Fifth Avenue.

Hier eine Auswahl der wichtigsten Feste; nähere Einzelheiten sind beim New York City & Company Convention & Visitors Bureau (s. S. 99) zu erfragen:

Erster Vollmond nach dem 21. Januar: **Chinese New Year,** Chinatown, mit bunten Paraden und viel Feuerwerk.

An dem Wochenende, das dem 17. März am nächsten ist: **St. Patrick's Day Parade** auf der Fifth Avenue zwischen 44th und 86th Street, zur Erinnerung an den irischen Nationalheiligen.

Ostern: **Easter Parade** auf der Fifth Avenue, ein farbenprächtiges Spektakel mit Festwagen, Luftballons und Blumen.

Drittes Wochenende im Mai: **Ukrainian Festival** auf der East 7th Street zwischen der Second und Third Avenue.

Erster Sonntag im Juni: **Puerto Rican Day Parade** auf der Fifth Avenue zwischen 44th und 86th Street.

Zweiter Sonntag im Juni: **Lower East Side Jewish Spring Festival.** Koschere Gerichte plus jiddische und hebräische Unterhaltung auf dem East Broadway zwischen Rutgers und Montgomery Street.

4. Juli: **Großes Feuerwerk** auf dem East River zum American Independence Day (Unabhängigkeitstag), ausgerichtet vom Kaufhaus »Macy's«.

Zweites Wochenende im Juli: **Fiestas de Loiza Aldea;** die Puertoricaner ehren Apostel Jakobus. Beginn der Prozession Ecke Lexington Avenue/117th Street.

Juni, Juli, August: **Sommerkonzerte und Theater** im Central Park.

Mitte September: **Festival San Gennaro** in der Mulberry Street (Little Italy); es wird zu Ehren des Schutzpatrons von Neapel gefeiert.

Drittes Wochenende im September: **Steuben Day Parade,** der große Umzug der Deutschamerikaner auf der Fifth Avenue zwischen 61st und 86th Street, zu Ehren des deutschstämmigen Generals Friedrich Wilhelm von Steuben, der während des Unabhängigkeitskrieges in der amerikanischen Armee gegen die britischen Truppen kämpfte.

31. Oktober: **Halloween.** Kinder gehen von Tür zu Tür und fordern Süßigkeiten ein. Als Kostümfest wird Halloween besonders in Greenwich Village von der homosexuellen Gemeinde gefeiert.

Vierter Donnerstag im November: **»Macy's« Thanksgiving Day Parade.** Beginn des prächtigen Umzugs, den das Großkaufhaus zum Erntedankfest ausrichtet, auf dem Central Park West/Ecke 79th Street.

31. Dezember: Silvester feiert New York v. a. am Times Square. Großes **Feuerwerk** und viel Ausgelassenheit bei der Begrüßung des neuen Jahres.

Essen und Trinken

Vergessen Sie alles, was Sie je über die amerikanische Küche gehört und an der Hamburgertheke in irgendwelchen Fastfood-Restaurants erfahren haben – in New York schmeckt alles anders. Hier deckt die ganze Welt den Tisch. Hier kann man brasilianisch, koreanisch, kubanisch, türkisch, russisch, jüdisch, chinesisch, vietnamesisch, mexikanisch essen, wunderbare Steaks und (gute!) Hamburger bekommen, frischeste Meeresfrüchte genießen, sündhaft teuer und exklusiv speisen oder aber billig und bescheiden seinen Hunger stillen.

Die Möglichkeiten, in New York essen zu gehen, sind unbegrenzt – es gibt 18 000 Restaurants, Lokale und Imbiss-Stuben in der Stadt! Als guter Führer durch den Dschungel der Gastronomie bietet sich **Zagat** an, ein jährlich aktualisiertes Buch, in dem Restaurants beurteilt und jeweils nach ihrer Lage und den Spezialitäten, die sie bieten, klassifiziert werden (www.zagat.com).

Gastronomisches Grundwissen

Es ist immer sinnvoll, telefonisch einen Tisch zu reservieren. Wo dies nicht möglich ist, wie zum Beispiel in vielen Lokalen in Chinatown, muss man mit Wartezeiten rechnen. Auch wenn ein Lokal leer ist, stürmt man nicht auf einen freien Tisch zu und okkupiert ihn auf wilde germanische Art. »Wait to be seated« heißt der amerikanische Weg: Host oder Hostess führen den Gast zu einem bestimmten Tisch. Das Bedienungsgeld ist in der Regel nicht im Preis inbegriffen; für gute Bedienung stehen dem Kellner daher mindestens 15 % des Rechnungsbetrags als Trinkgeld zu, und es ist in New York recht einfach, die Summe auszurechnen: Man verdoppelt einfach den Betrag, der auf der Rechnung als *tax* (Steuer) steht.

Übrigens: Man bezahlt zuerst die Rechnung und lässt dann das Trinkgeld extra auf dem Tisch liegen.

Wer die Wahl hat, hat die Qual!

Unterhalb 14th Street

- **Spice Market,** 403 W. 13th St., Meat Packing District, Tel. 675-2322. Südostasiatisch inspirierte Küche, perfekt wie alles, was Starkoch Jean Georges Vongerichten auf den Tisch bringt. ○○○
- **Indochine,** 430 Lafayette St., East Village, Tel. 505-5111. Französisch-vietnamesische Küche in modernem, kosmopolitischem Ambiente. ○○–○○○
- **Aquagrill,** 210 Spring St., SoHo, Tel. 274-0505. Sehr beliebtes, ausgezeichnetes Fischrestaurant mit ausgefallenen Kreationen und guter Weinkarte. Unbedingt reservieren. ○○
- **Babbo,** 110 Waverly Place, Greenwich Village, Tel. 277-0303. Italienische Küche, hervorragende Pasta. Wer sich nur an die Nudelgerichte hält, kommt relativ preiswert davon. Fisch und Fleisch sind teurer. ○–○○
- **The Odeon,** 145 West Broadway, Tribeca, Tel. 233-0507. Elegant, aber nicht steif. Gute, amerikanische Küche, von einfach bis raffiniert, in Art-Déco-Ambiente. ○–○○
- **Big Wong King,** 67 Mott St., Chinatown, Tel. 964-0540. In Chinatown herrscht kein Mangel an Restaurants, die feinste Küche bieten. Big Wong King gehört zu den alteingesessenen,

bietet cantonesische Hausmannskost und ist billig. Keine Kreditkarten. ❍

▮ **Broome Street Bar,** 363 W. Broadway, SoHo, Tel. 925-2086. Eine der Bars, die schon da waren, bevor SoHo schick wurde. Gute Hamburger. ❍

▮ **Ferrara,** 195 Grand St., Little Italy, Tel. 226-6150. Nach dem Essen in Chinatown wandern die New Yorker nach Little Italy zu Ferrara, der für seine Süßigkeiten berühmt ist. ❍

▮ **Moustache,** 90 Bedford St., West Village, Tel. 229-2220. Ausgezeichnete türkische Küche in gemütlichem Ambiente. Keine Kreditkarten. ❍

▮ **Bar Pitti,** 268 Sixth Ave., Greenwich Village, Tel. 982-3300. Man wartet lang, aber die gute italienische Küche, der Service und der Preis machen das wett. Keine Kreditkarten. ❍

▮ **Rice,** 227 Mott St., Tel. 226-5775. Preisgünstiges asiatisches Restaurant in Nolita. Keine Kreditkarten. ❍

▮ **Second Avenue Deli,** 205 E. Houston St., East Village, Tel. 677-0606. Authentischer jüdischer Deli mit ausgezeichneten Sandwiches, aber auch Spezialitäten wie Gefilte Fish. ❍

Zwischen 14th und 59th Streets

▮ **Tamarind,** 41–43 E. 22nd St., Tel. 674-7400. Hier kann man die gesamte Palette indischer Regionalküchen probieren, durchwegs in ausgezeichneter Qualität. ❍❍❍

▮ **Michael Jordan's – The Steak House,** im Grand Central Terminal, 23 Vanderbilt Ave. Tel. 655-2300. Einmal muss man in New York einfach ein saftiges Steak essen. Hier kann man dies mit Blick auf die besternte Kuppel des Bahnhofs tun. ❍❍–❍❍❍

▮ **Grand Central Oyster Bar,** Grand Central Station, Tel. 490-6650. Seit 1913 das beste Fisch-Restaurant der Stadt (s. auch S. 78). ❍❍

Gut zu wissen!

Vor allem in Restaurants, in denen viele Touristen verkehren, empfiehlt es sich, die Rechnung zu kontrollieren. Manche Kellner setzen nämlich das Trinkgeld von sich aus auf die Rechnung – das dürfen sie zwar nicht, aber sie tun es. Und setzen dabei auch gerne mehr als die üblichen 15 % an. Nicht alle Restaurants haben eine Lizenz, die sie berechtigt, Alkohol auszuschenken. Kleinere, billigere Lokale werben daher oft mit dem Kürzel »BYOB«. Das heißt »bring your own bottle« und bedeutet, dass man sich Bier oder Wein im nächsten *liquor store* kauft und vom Wirt einen Korkenzieher und Gläser erhält. Weintrinker sollten kalifornischen Wein probieren.

▮ **Union Square Cafe,** 21 E. 16th St., Tel. 243-4020. Schickes Lokal mit gestyltem Yuppie-Publikum und einem kreativen Küchenchef. ❍❍

▮ **Devi,** 8 E. 18th St., Tel. 691-1300. Preiswerte Inder gibt es viele in New York; dieser hat sich der gehobenen Küche verschrieben – sehr gut, aber eben nicht sehr billig. ❍❍

▮ **Brasserie,** 100 E. 53th St., Tel. 751-4840. Das Decor ist futuristisch, die Küche des aus dem Elsass stammenden Kochs bodenständig und köstlich. ❍–❍❍

▮ **Joe Allen,** 326 W. 46th St., Theater District, Tel. 581-6464. Altmodischer Restaurant-Pub mit Bildern von Broadway-Größen an den Wänden. Gute Auswahl an Bieren, solide Pubküche. ❍

▮ **P. J. Clarke's,** 915 3rd Ave., Tel. 317-1616. Eine Institution: Die alte Bar zeigt sich auch nach der Renovierung im alten Gewand und die Hamburger sind so gut wie eh und je. ❍

▮ **Norma's,** 118 W. 57th St., Midtown, im Parker Meridien Hotel, Tel. 708-7460. Wer den Tag mit einem kräftigen, köstlichen Frühstück beginnen will, ist hier richtig. ❍

▮ **Siam Inn Too,** 854 8th Ave., Tel. 757-4006. Ausgezeichnete Thai-Küche in schlichtem, aber angenehmem Ambiente. ❍

▮ **Tavern Room** at Gramercy Tavern, 42 E. 20th St., Tel. 477-0777. Die Gramercy Tavern ist gut und teuer – im Tavern Room kann man exzellente Küche zu günstigen Preisen genießen. ❍

▮ **Zen Palate,** 34 Union Square, Tel. 614-9291. Vegetarische Küche, gut und fantasievoll zubereitet. ❍

Upper West und Upper East Side

▮ **Café Boulud,** 20 E 76th St., Upper East Side, Tel. 772-2600. Hier kann man die Kreationen des Starkochs Boulud genießen, ohne sich finanziell zu ruinieren. ❍❍–❍❍❍

▮ **Caffé Taci,** 2841 Broadway, Upper West Side, Tel. 678-5345. Italienische Hausmannskost; Fr und Sa singen Studenten und manchmal auch Profis Opernarien. ❍

▮ **Gabriela's,** 685 Amsterdam Ave., Upper West Side, Tel. 961-0574. Mexikanische Küche, große Portionen, ausgezeichnete Guacamole. ❍

▮ **Good Enough to Eat,** 483 Amsterdam Ave., Upper West Side, Tel. 496-0163. Sehr beliebtes Brunch-Restaurant – am Wochenende lange Schlangen. Es gibt nur 20 Tische, auch abends Wartezeiten. Gute traditionelle amerikanische Küche. ❍

▮ **EJ's Luncheonette,** 447 Amsterdam Ave., Upper West Side, Tel. 873-3444. Typischer Diner im Stil der 1950er Jahre; große Burger-Auswahl, auch vegetarische. ❍

▮ **Nick's Familiy-Style Restaurant and Pizza,** 1814 2nd Ave., Upper East Side, Tel. 987-5700. Gute Pizza und andere italienische Gerichte, familienfreundlich, für die Upper East Side preiswert. ❍

Harlem

▮ **African,** 247 W. 116th St., Harlem, Tel. 666-9400. Langsamer Service, dafür aber köstliche senegalesische Küche in riesigen Portionen. ❍

▮ **Copeland's,** 547 W. 145th St., Tel. 234-2357. Für Harlemer Maßstäbe elegant, gutes Soul Food. Di, Mi und Do abends Jazz-Buffet. ❍

New Jersey

▮ **Chart House,** Pier D-T/Lincoln Harbor, Weehawken (NJ), Tel. (201) 348-6628. Die Fahrt mit der Fähre nach New Jersey lohnt sich: Das Chart House bietet nicht nur gute amerikanische Küche zu günstigen Preisen, sondern zusätzlich einen herrlichen Blick auf die Skyline von Manhattan. ❍

Unterkunft

In New York sein Haupt zu betten, ist alles andere als billig. Selbst für ein einfaches Doppelzimmer zahlt man fast 100 $. Mittelklassehotels kosten im Durchschnitt 150 bis 250 $ fürs Doppelzimmer. Nach oben hingegen ist keine Grenze gesetzt: Wer in einem der Luxushotels absteigen will, kann diesen Preis leicht verdreifachen – den Listenpreis, der in New York noch lange nicht der Endpreis ist. Denn der Staat will an seinen Gästen auch noch verdienen: Pro Nacht werden 13,625 % Zimmersteuer erhoben, dazu kommen noch 2 $ »Durchreisesteuer«. Die Preise variieren allerdings je nach Auslastung und Saison. Unter www.nycvisit.com sowie unter www.hotres.com kann man günstige Angebote finden.

Auch das Trinkgeld schlägt zu Buche: Der Kofferträger bekommt 1 $ pro Gepäckstück, der Türsteher erwartet ebenfalls 1 $, wenn man ihn bittet, ein Taxi zu rufen, das Zimmerpersonal 2 $ pro Nacht. Bitte bedenken Sie, dass die Angestellten, die diese Jobs ausführen, wegen der niedrigen Grundlöhne v. a. vom Trinkgeld der Gäste leben (s. S. 101). Ebenfalls teuer kommt es, wenn man von den Hotels aus telefoniert. Die meisten verlangen unverschämte Gebühren.

Wo man sich bettet ...

- **Grand Hyatt,** Park Ave. Nähe Central Station, NY 10017, Tel. (212) 883-1234, www.grandnewyork.hyatt.com. Phantastische Lage aufgrund der Nähe zur U-Bahn und zum Food Court der Grand Central Station. Zimmer im asiatischen Dekor, etwas unpersönlicher Service (s. auch S. 78). ○○○
- **Pierre,** 2 E. 61st St./Fifth Ave., NY 10021, Tel. (212) 838-8000, www.fourseasons.com. Das Pierre ist ein Klassiker unter den New Yorker Hotels – seit über 70 Jahren steigen in diesem vollständig renovierten Luxushotel am Central Park Gäste aus aller Welt ab, die die diskrete persönliche Atmosphäre schätzen und sich nicht dem Rummel im Plaza aussetzen wollen. ○○○
- **Algonquin,** 59 W. 44th St., NY 10036, Tel. (212) 840-6800, www.thealgonquin.net. In Künstler- und Literatenkreisen hat das Algonquin einen ganz besonderen Namen: In den 1920er Jahren hatten Literaten wie Dorothy Parker und Robert Benchley hier ihren Stammtisch. 165 kleine, aber hübsche Zimmer; gemütliche Lobby Lounge mit Wohnzimmeratmosphäre. ○○
- **Belvedere Hotel,** 319 W. 48th St., NY 10036, Tel. (212) 245-7000, www.newyorkhotel.com. Umfassend renoviertes, freundliches Art-déco-Hotel mit modern ausgestatteten, großzügig geschnittenen Zimmern. Für das, was geboten wird, preiswert. ○○
- **Broadway Inn,** 264 W. 46th St., NY 10036, Tel. (212) 997-9200, www.broadwayinn.com. Charmantes B&B mit sehr aufmerksamem Personal. Einfache, aber saubere und für die Lage mitten im Theater District erstaunlich ruhige Zimmer. Kein Lift. ○○
- **Excelsior Hotel,** 45 W. 81st St., NY 10024, Tel. (212) 362-9200, www.excelsiorhotelny.com. Elegantes, neu renoviertes Haus im europäischen Stil. Luxuriöses Ambiente – hier stimmen Preis und Leistung. ○○
- **Hotel Belleclaire,** 250 W. 77th St., NY 10024, Tel. (212) 362-7700, www.hotelbelleclaire.com. Moderne, erst kürzlich renovierte Zimmer, Fitnesscenter, freundlicher Service, sehr gutes Preis-Leistungsverhältnis. ○○

▮ **Lucerne Hotel,** 201 W. 79th St., NY 10024, Tel. (212) 875-1000, www.newyorkhotel.com. Neu renoviertes altes Haus in der Upper West Side, ruhig und günstig. Dachterrasse mit schönem Blick. ❍❍

▮ **Pickwick Arms,** 230 E. 51st St., NY 10022, Tel. (212) 355-0300, www.pickwickarmsnewyork.com. Ein sehr sicheres, ruhiges Hotel, für die Upper East Side preiswert. Aufgrund der günstigen Lage sind seine 315 Zimmer oft schnell ausgebucht. ❍❍

▮ **Red Roof Inn,** 6. W. 32 St., NY 10001, Tel. (212) 643-7100, www.applecore hotels.com. Neues Hotel in guter Lage nahe dem Empire State Building; geräumige Zimmer, gutes Preis-Leistungs-Verhältnis. ❍❍

▮ **Roger Williams Hotel,** 131 Madison Ave., NY 10016, Tel. (212) 448-7000, www.rogerwilliamshotel.com. Gute Lage nahe der 31st St., das coole Ambiente des Hauses wird durch ein Design geprägt, das mit japanischen Stilelementen spielt. ❍❍

▮ **Washington Jefferson Hotel,** 318 W. 51st St., NY 10019, Tel. (212) 246-7550, www.wjhotel.com. Das nette Hotel liegt in einer von Bäumen gesäumten Wohnstraße in einem Viertel, das seit ein paar Jahren eine Renaissance erlebt: Hell's Kitchen. ❍❍

▮ **Washington Square Hotel,** 103 Waverly Pl., NY 10011, Tel. (212) 777-9515, www.wshotel.com. Aufgrund seiner Lage mitten in Greenwich Village und des wirklich guten Angebots (sauber, freundlich, renoviert) sehr beliebt und gut gebucht. ❍❍

▮ **Herald Square Hotel,** 19 W. 31st St., NY 10001, Tel. (212) 279-4017, www.heraldsquarehotel.com. Mittelklassehotel in einem prächtigen Beaux-Arts-Gebäude von 1893. Zentrale Lage in Midtown. ❍–❍❍

▮ **Mayfair Hotel,** 242 W. 49th St., NY 10019, Tel. (212) 586-0300, www.mayfairnewyork.com. Winzige Zimmer, aber angenehmes Hotel, freundlicher Service, gute Lage im Theater District. ❍–❍❍

▮ **Stanford Hotel,** 43 W. 32nd St., NY 10001, Tel. (212) 563-1500, www.hotelstanford.com. Gute Lage zwischen 5th Ave. und Broadway; geräumige Zimmer. Etwas steril, aber der Preis stimmt. ❍–❍❍

▮ **The Gershwin Hotel,** 7 E. 27th St., NY 10016, Tel. (212) 545-8000, www.gershwinhotel.com. Gute Lage zwischen 5th und Madison Avenues, einfach und preiswert. Beliebt bei europäischen Jugendlichen. ❍–❍❍

▮ **Big Apple Hostel,** 119 W. 45th St., NY 10036, Tel. (212) 302-2603, www.bigapplehostel.com. Eine Art Jugendherberge mit 11 Zimmern und 100 Betten in Viererzimmern. Küche und Gemeinschaftsbad, sehr günstig für Manhattan (DZ ab 95 $, Bett im Viererzimmer ab 35 $), gute Lage. ❍

- **Carlton Arms Hotel,** 160 E. 25th St., NY 10010, Tel. (212) 679-0680. www.carltonarms.com. Eines der originellsten Hotels Manhattans: Alle Zimmer wurden von Avantgarde-Künstlern dekoriert; manche Räume sind wahre Alpträume ... Kein Lift, keine Aircondition, manche Zimmer ohne Bad. ❍
- **Chelsea Lodge,** 318 W. 20th St., NY 10011, Tel. 212) 243-4499, www.chelsealodge.com. Historisches Gebäude mitten in Chelsea. 22 Zimmer im Landhausstil; sehr guter Preis. ❍
- **Larchmont Hotel,** 27 W. 11th St., NY 10011, Tel. (212) 989-9333, www.larchmonthotel.com. Preiswert und in sehr guter Village-Lage; Toilette und Bad sind allerdings auf dem Flur. ❍

B&B – die Alternative

B&B ist eine eine sehr gute Möglichkeit, Land und Leute kennen zu lernen. Man kann komplette Apartments mieten oder Zimmer in Privatwohnungen. Zwar muss man häufig das Bad mit dem Vermieter teilen, aber der Familienanschluss und die Tipps, die man zu Kultur, Verkehr, persönlicher Sicherheit usw. bekommt, sind diese Einschränkung mehr als wert. In der Regel sind B&B-Unterkünfte billiger als Mittelklassehotels, zumal die Steuern wegfallen, die man sonst zusätzlich zum Listenpreis zahlt. Bed-and-Breakfast-Unterkünfte, Apartments und Wohnungen vermittelt **New York Habitat,** Tel. (212) 255-8018, www.nyhabitat-vacation.com. Die Firma beschäftigt deutschsprachige Mitarbeiter.

Einkaufen

Die **Konsummeilen** Manhattans sind die Avenues, an denen sich Geschäfte aller Art reihen. Vom Konsumrausch ausgenommen sind nur Central Park West, Fifth Avenue auf Parkhöhe und Park Avenue.

Die exklusivsten Mode-, Juwelier- und Einrichtungsgeschäfte liegen an der **Madison Avenue** zwischen 57th und 79th Streets, an der **57th Street** zwischen Lexington und Sixth Avenues und an der **Fifth Avenue** im 50er Block. Boutiquen mit avantgardistischer Mode, ausgefallene Geschenk- und Souvenirläden, gut sortierte Kindermoden- und Spielwarengeschäfte gibt es in der **Columbus Avenue** und in der **Amsterdam Avenue** zwischen 66th und 84th Streets.

In den **Villages** und in **SoHo** beherrscht wieder Ausgefallenes, Alternatives die Auslagen. **Chinatown** wiederum wartet mit einem großen Lebensmittelangebot und allem auf, was »Made in China« ist. Für günstige Einkaufstipps s. auch Special S. 8/9.

Kleidung und Schuhe mit einem Warenwert unter 110 $ sind mittlerweile ganzjährig von den üblichen 8,625 % Steuern befreit.

Bei der Suche nach Spezialgeschäften hilft der nützliche Shopping Ratgeber **Where to find it, buy it, eat it** von Gerry Frank.

Kaufhäuser

- **Bloomingdale's,** Lexington Ave./59th St. Das Lieblingskaufhaus der New Yorker.
- **Macy's,** Herald Square. Das größte Kaufhaus der Welt mit an die 100 000 m² Verkaufsfläche kommt alljährlich in die Schlagzeilen wegen

Im Design Store des Museum of Modern Art wird teure Designerware verkauft

der großen Umzüge, die es finanziert: Das Feuerwerk am 4. Juli und die Thanksgiving Day Parade (November) gehen auf »Macy's« Konto (s. S. 23).

Bücher

- **Barnes and Noble.** Verbilligte Bücher, Bestseller. Verschiedene Filialen in der ganzen Stadt.
- **Gotham Book Mart,** 16 E. 46th St. Ein Paradies zum Stöbern: Hier findet man längst Vergriffenes, v. a. aus den Bereichen Lyrik und Belletristik.
- **Strand Book Store,** 828 Broadway, bei der 12th St. New Yorks größtes modernes Antiquariat, Kunstbücher zu guten Preisen.

Spielzeug

- **F. A. O. Schwarz,** 767 Fifth Ave., www.faoschwarz.com. Amerikas bekanntester Spielwarenladen – hier werden reichster Kinder Träume wahr.

Elektronik

Über Billigangebote informiert sonntags die »New York Times«.

- **J & R Music & Computer World,** 15 Park Row (südlich der City Hall). Hier gibt es alles, was der Mensch im Kommunikationszeitalter braucht: Telefone, Computer, Lautsprecher ...
- **B & H Photo & Video,** 420 9th Ave. bei der 34th St. Preiswertes Foto- und Videozubehör.

Schallplatten, CDs

- **Tower Records,** 692 Broadway. Große Auswahl; im Pop- und Klassikbereich viele Sonderangebote.
- **Generation Records,** 210 Thompson St., zwischen Bleeker und 3rd Sts. Günstige gebrauchte CDs und LPs.

In **Greenwich Village** in der Gegend um die Bleeker Street gibt es eine Menge kleiner Plattenläden, in denen man beim Stöbern auf längst verschollen Geglaubtes stößt.

Mode und Textilien

- **Banana Republic,** 528 Broadway Ecke Spring St. Angeblich der Ralph Lauren für Einkommensschwache; mehrere Filialen in der Stadt.
- **Brooks Brothers,** 346 Madison Ave. Eine Institution in New York: klassische Qualität für Damen und Herren.
- **Canal Jeans Co.,** 718 Broadway. Große Jeans-Auswahl, auch secondhand. Ausgefallenes, T-Shirts etc.
- **Daffy's,** 125 E. 57th St. Reduzierte Designer-Sportswear und alles, was junge Leute lieben; günstige Preise.
- **DKNY,** 420 W. Broadway zwischen Spring und Prince Sts. Die Mode der New Yorker Designerin Donna Karan steht nach wie vor hoch im Kurs.
- **The Gap,** mehrere Filialen, z. B. 527 Madison Ave. Höhe 54th St. T-Shirts, Pullover und Freizeitsachen in guter Qualität.
- **Victoria's Secret,** mehrere Filialen, z. B. 34 E. 57th St. Riesige Auswahl an Spitzen- und Seidendessous.
- **Patricia Field,** 10 E. 8th St. Patricia Field ist die Stylistin der Serie »Sex and the City«. In ihrem Laden findet man Schrilles, Ausgefallenes und auch preiswerte Angebote.

Am Abend

Fürchten Sie nicht die Langeweile in New York, fürchten Sie den Freizeitstress! Die Fülle des Angebots ist überwältigend: Open-air-Konzerte im Central Park, Jazz in Greenwich Village, Kino, Musicals, Broadway-Theater, Off-Broadway, Off-Off-Broadway, Metropolitan Opera, Clubs und Discos ... Um sich in diesem Überangebot zurechtzufinden, braucht man als Erstes stets aktuelle Infos.

Empfehlenswert ist die Freitagsausgabe der »New York Times«, die eine Vorschau auf die Ereignisse des Wochenendes enthält. Von den Wochenzeitungen, die über das Kulturprogramm der Stadt informieren, seien erwähnt: das »New York Magazine« (erscheint Mo), »The New Yorker« (erscheint Mi) mit ausführlichem Infoteil über die Jazz-Szene, »Time Out« (erscheint Do) und »The Village Voice« (erscheint Mi). In letzterer findet man auch eine Rubrik für sehr billige oder kostenlose Veranstaltungen.

Theater

Die großen Broadway-Theater liegen um den Times Square. Hier laufen u. a. die international bekannten, teuren Musical-Produktionen. Kleine Theater, die sich vom kommerziellen Theaterbetrieb distanzieren wollen und sich daher Off-Broadway- oder gar Off-Off-Broadway-Theater nennen, sind vorwiegend in Midtown und Greenwich Village zu finden. Während in Off-Off-Broadway-Häusern v. a. Avantgarde-Inszenierungen zu sehen sind, schaffen die populäreren Stücke der Off-Broadway-Bühnen manchmal sogar den Sprung an den Broadway.

Die großen Musical-Theater liegen rund um den Times Square

Wer eine ganz bestimmte Show sehen will, sollte sich die **Tickets** am besten schon in Europa von einem Reisebüro besorgen lassen. Oder man besorgt sich Karten übers Internet. Folgende drei Webseiten informieren über Broadway und Off-Broadway Shows mit Links zu Ticket Agenturen.

- www.broadway.com
- www.playbill.com
- www.keithprowse.de

In New York selbst gibt es verschiedene Möglichkeiten, an Karten zu kommen: Wer in einem guten Hotel wohnt und bereit ist, ein sattes Trinkgeld zu geben, lässt sich die Karten vom Hotelpersonal besorgen. Allen anderen bleibt der Weg an die Theaterkasse oder zum New York Convention & Visitors Bureau (s. S. 99); dort hilft man gerne bei der Kartenbestellung.

Tickets zum halben Preis für die Vorstellungen des jeweiligen Tages erhält man im TKTS am Times Square, 47th St./Ecke Broadway und im South Street Seaport,

Ecke Front und John Sts. Karten für Matinee-Vorstellungen gibt es ab 10 Uhr, Karten für Abendvorstellungen ab 15 Uhr. Limitierte Karten für Matinee- und Sonntagsvorstellungen sind bereits am Vortag sowie am Vorstellungstag erhältlich. Achtung: Keine Bezahlung mit Kreditkarten!

Musik und Tanz

Das Angebot ist ebenso weit gefächert wie das der Theater: Oper, klassische Musik, Jazz, Pop, Blues, Country, Reggae, klassisches Ballett, Tanz- und Musikwerkstätten ... Man muss nur wissen, was man will – finden wird man es in New York bestimmt. Viele der Konzerte sind kostenlos, so z. B. die Sommerkonzerte im Central Park oder die Lunchkonzerte in den Foyers im Financial District und in Midtown.

Die beiden großen Konzerthallen New Yorks heißen **Carnegie Hall** und **Avery Fisher Hall;** letztere ist Teil des Lincoln Center for the Performing Arts (s. S. 93), in dem auch die **Metropolitan Opera** untergebracht ist. Neben der »Met« gibt es noch eine zweite Oper, die **New York City Opera,** die sich mit dem **New York City Ballet** das New York State Theater – ebenfalls Teil des Lincoln Center – teilt.

- **Lincoln Center for the Performing Arts,** 70 Lincoln Center Plaza, Tel. 875-5350, Ⓢ Lincoln Center: Avery Fisher Hall, Tel. 875-5030, http://newyorkphilharmonic.org; Metropolitan Opera House, Tel. 362-6000, www.metopera.org; New York State Theater, Tel. 870-5505.
- **Carnegie Hall,** 881 7th Ave., Tel. 247-7800, www.carnegiehall.org; Ⓢ Columbus Circle.

Die Bühne des Modern Dance ist das **City Center Theater** (s. auch Special S. 6/7). Hier sind so bekannte Truppen wie Alvin Ailey American Dance Theater, Joffrey Ballet, Martha Graham Dance Company oder Dance Theatre of Harlem zu sehen.

Die Geburt der Metropolitan Opera

Mitte des 19. Jhs. ereignete sich in New York eine höchst skandalöse Geschichte: Mrs. William H. Vanderbilt, eine Dame der Geldaristokratie und Gattin eines immerhin 94 Mio. Dollar schweren Mannes, konnte in der Oper keinen gebührenden Logenplatz erwerben! Der Grund: Der Musentempel war fest in der Hand der alteingesessenen New Yorker. Und die wollten mit Parvenüs wie den Astors, den Vanderbilts und anderen Geldaristokraten nichts zu tun haben. Die Empörung der Verschmähten währte nicht lange. Flugs taten sich 65 Millionäre zusammen, machten 1,5 Mio. Dollar locker und bauten sich ihr eigenes Opernhaus, mit 122 Logen, genug für alle Astors, Morgans, Rockefellers und Vanderbilts ... Es stand Ecke Broadway/40th Street, wurde 1883 eröffnet und hieß: Metropolitan Opera House. Erst 1966 schloss das gefeierte Haus mit einer nostalgischen Abschiedsgala seine Pforten, die Oper wurde aber im gleichen Jahr im Lincoln Center (s. S. 93) wieder eröffnet.

Konzertkarten besorgt man sich auf dem selben Weg wie Theaterkarten (s. S. 31).

Jazzclubs

Die auf Seite 31 erwähnten Zeitschriften informieren auch über die jeweiligen Angebote auf dem Sektor zeitgenössische Musik und Jazz.

- **Apollo Theater,** 253 W. 125th St., Tel. 531-5300, www.apollotheater.com. Jazz- und Popgrößen schafften hier den Durchbruch. Mi ab 19.30 Uhr ist Amateurnacht – das Publikum entscheidet über Können oder Nichtkönnen – hier hatten schon ganz Große, u. a. James Brown oder Dionne Warwick, ihr Debüt.
- **Jazz at Lincoln Center,** Tel.258-9800, www.jazzatlincolncenter.org. Drei eigens für Jazz konzipierte Bühnen mit exzellenter Akustik im Time Warner Center (s. S. 22, 93).
- **Lenox Lounge,** 288 Lenox Ave., Tel. 427-0253, www.lenoxlounge.com. In dem legendären Harlemer Club finden auch Live-Jazz-Veranstaltungen statt.
- **Showman's,** 375 W. 125th St., Tel. 864-8941. Der Club in Harlem bietet eine Mischung aus Jazz und Blues.
- **Knitting Factory,** 71 Leonard St., Tel. 219-3055. Ein Klassiker mit neuer Adresse in Tribeca; Live-Jazz, aber auch Rockiges.
- **Village Vanguard,** 178 7th Ave., Tel. 255-4037, www.villagevanguard.com. In dem weltberühmten Club traten alle legendären Jazzmusiker auf.

Kino

In New York haben die meisten großen Hollywood-Streifen ihre Premiere; hier entscheidet die Meinung des Publikums und der Kritiker oft über Erfolg oder Misserfolg eines Films. Die Uraufführungskinos liegen v. a. in der Upper East Side und rund um den Times Square, wo sich abends lange Schlangen vor den Kassen bilden.

Um eine **Kinokarte** zu ergattern, sollte man sich mindestens eine Stunde vor Filmbeginn einfinden; telefonisch kann man unter Tel. 777-3456 vorbestellen. Adressen, Programme sowie Informationen zu den Filmen findet man in den Zeitschriften »The New Yorker«, »New York Magazine« oder »Time Out«.

Nachtleben

Einen ersten schweren Schlag erhielt New Yorks Nachtleben durch Bürgermeister Giuliani, der ein Gesetz reaktivierte, nach dem man nur in Clubs mit Lizenz tanzen darf. Viele mussten daraufhin schließen, anderen gelang es nur mit hohen Kosten, die Lizenz zu bekommen. Dies führte zu einer absurden Situation: Während früher die Nachtschwärmer von New Jersey nach Manhattan strömten, so fahren heute viele am Wochenende nach New Jersey, wo man noch ungehindert tanzen darf. Bürgermeister Bloombergs striktes Rauchverbot in Clubs, Bars und Kneipen versetzte New Yorks Nachtleben schließlich einen weiteren Hieb.

Ein Kinoerlebnis ...

... ganz besonderer Art bieten die **Sony Theaters Lincoln Square** am Broadway, Höhe 68th St. In dem Komplex befinden sich 10 Kinos, deren Ausstattung an alte Filmtheater erinnert, sowie ein 3-D-IMAX-Theater mit der derzeit größten Leinwand der USA.

Discos und Clubs

- **Avalon,** 47 W. 20th St. Disco in einer ehemaligen Kirche.
- **Cafe Wha,** 115 Macdougal St. Hauseigene Band, montags brasilianische Nacht.
- **Centro-Fly,** 45 W. 21st St. Grandioses Soundsystem, Mo geschlossen.
- **Nells,** 246 W. 14th St. Klassischer New Yorker Nachtclub.

Bars

- **McSorley's Old Ale House,** 15 E. Seventh St. Altmodische Bar mit Sägemehl auf dem Boden.
- **Top of the Tower,** 49th St., Ecke 1st Ave. Die Pianobar ist hoch oben im Beekman Hotel untergebracht. Hier kann man im Sommer draußen sitzen und zu jeder Jahreszeit den herrlichen Blick genießen.

Verkehrsmittel

Anreise

Viele europäische und amerikanische Fluggesellschaften bieten von Deutschland, Österreich und der Schweiz Direktflüge nach New York an. Bei den Linienflügen gibt es oft sagenhaft günstige Sondertarife.

John F. Kennedy International Airport

Der John F. Kennedy International Airport liegt in Queens. Um auf die 24 km entfernte Insel Manhattan zu kommen, gibt es mehrere Möglichkeiten:

Der **AirTrain** verbindet die Terminals und Serviceeinrichtungen des Flughafens und stellt auch die Anbindung zur U-Bahn-Station Howard Beach her. Im Flughafenbereich ist die Benutzung des AirTrain kostenlos; wenn man zur U-Bahn-Station kommt, muss man 5 $ bezahlen. Dazu erwirbt man eine Pay-Per-Ride MetroCard, mit der man dann auch die Weiterfahrt in der U-Bahn bezahlen kann. Mit viel Gepäck, nachts und bei völliger Unkenntnis des U-Bahnsystems ist dieser Weg nicht zu empfehlen.

Vor allem Erstbesucher sollten auf die Pendelbusse von **Airlink New York** (17–19 $) oder **SuperShuttle** zurückgreifen, auch wenn sie teurer sind. Die Busse fahren von den Terminals alle 30 Min. nach Midtown Manhattan und bringen Fahrgäste direkt zu den gewünschten Hotels.

Am bequemsten erreicht man Manhattan mit dem **Taxi.** Die Fahrt kostet pauschal 45 $. Dazu kommen Gebühren für Brücken und Tunnels (4–6 $) sowie 10–15 % Trinkgeld. Am Flughafen teilen uniformierte Helfer die Wagen zu. Die Fahrt dauert je nach Verkehrsaufkommen 50–60 Min.

Newark International Airport

Der zweite, wesentlich übersichtlichere, internationale Flughafen, liegt 26 km westlich von Manhattan in New Jersey. Der **AirTrain** stellt die kostenlose Verbindung zur Newark Airport Train Station her. Von dort erreicht man bequem und für nur 14 $ Penn Station in Manhattan. Busse von **Airlink** (15–17 $) oder **SuperShuttle** stellen die Verbindung zu den Hotels in Midtown Manhattan her. Ein **Taxi** kostet pauschal 50–70 $ plus Gebühren für Brücken und Tunnels (4–6 $), dazu kommen 10–15 % Trinkgeld. Nehmen Sie nur Taxis, die Ihnen die Helfer in Uniform vermitteln.

LaGuardia Airport

Wer mit einem Inlandsflug in New York ankommt, landet höchstwahrscheinlich auf dem LaGuardia Airport, ca. 15 km östlich von Midtown Manhattan in Queens. Folgende Transportmöglichkeiten in die Innenstadt stehen Passagieren zur Verfügung: Busse von **Airlink** (15–17 $) oder **SuperShuttle** nach Midtown, welche die Hotels direkt ansteuern. **Taxi** für etwa 25–30 $ plus Brücken- und Tunnelgebühren (4–6 $) sowie 10–15 % Trinkgeld.

Informationen über alle drei Flughäfen (Flugverbindungen, Airlines, Verkehrsanbindung etc.) erhält man unter www.panynj.gov.

Orientierungshilfen

Im Stadtplan von Manhattan kann man lesen wie in einem Geschichtsbuch: Dort, wo sich die verwinkelten Straßen konzentrieren, liegen die Anfänge der Millionenstadt; der Rest und Großteil der Fläche – gekennzeichnet durch das Straßennetz im Schachbrettmuster – wurde erst im 19. und

20. Jh. bebaut. Die schachbrettartige Anlage hat Vorteile, die gerade im modernen Stadtverkehr sichtbar werden. Die Einbahnstraßenregelung ist klar und eindeutig, und man kann sich praktisch nicht verfahren, wenn man folgendes System verstanden hat:

Abgesehen von Lower Manhattan, wo die Straßen noch Charakter haben, sich krümmen und verengen, ja sich sogar einen individuellen Namen leisten, sind alle von West nach Ost verlaufenden Geraden mit »Street« bezeichnet und von Süden nach Norden durchnummeriert (1st, 2nd, 3rd Street usw.). Bei der Adressenangabe kennzeichnet ein »West« (W.) oder »East« (E.) nach der Hausnummer, ob das gesuchte Haus westlich oder östlich der Fifth Avenue liegt.

Die Avenues kreuzen die Straßen im rechten Winkel und verlaufen in Nord-Süd-Richtung. Auch sie sind durchnummeriert, von First bis Twelvth Avenue (beginnend im Osten). Eigene Namen tragen York, Lexington, Park und Madison Avenues; die Sixth Avenue heißt offiziell Avenue of the Americas. Lediglich der Broadway bahnt sich seinen Weg diagonal durch die Insel.

Es ist leicht, sich in der Millionenstadt zu orientieren. Trotzdem sei davor gewarnt, sich in New York einen Wagen zu mieten. Die Chance, am Ziel der Fahrt einen Parkplatz zu finden, ist gleich Null, und zu den Stoßzeiten kommt man kaum vom Fleck. Zudem ist das öffentliche Verkehrssystem hervorragend ausgebaut.

Öffentliche Verkehrsmittel

U-Bahn (Subway)

Die Zeiten, in denen Verbrechen in der New Yorker U-Bahn die Schlagzeilen füllten, sind vorbei: Die Metro ist sicherer geworden – das belegen die Statistiken. So sank die Zahl schwerer Verbrechen seit 1990 um 66 %, die von Diebstahl um 78 %. Wenn man also die Vorsichtsmaßnahmen beachtet, die für alle Großstädte gelten – Gepäck und Taschen festhalten und nicht in leere Wagen steigen –, dann kann man sich ruhig in New Yorks Untergrund begeben. Immerhin steigen an jedem Werktag etwa 5 Mio. Menschen in die U-Bahn und kommen unversehrt wieder aus den Schächten. Die Metro ist mit Abstand das schnellste Verkehrsmittel; man wird also ohne sie nicht auskommen.

Außerdem ist eine Reise mit der Metro interessant und spannend, gewissermaßen schon ein eigenes Sightseeing-Erlebnis: Die Tunnels, durch die man scheppernd rast, sind uralt und unendlich verzweigt. Wer gerne seine Mitmenschen beobachtet, findet dazu wohl kaum einen besseren Ort als die U-Bahn.

Eine Fahrt kostet 2 $ und dauert so lange, bis man das Sperrengebiet wieder verlässt. Man kann also hin und zurück und kreuz und quer fahren – und das beliebig lang. Zugang zum U-Bahnsystem verschafft die *MetroCard*. Es gibt sie als Pay-Per-Ride MetroCard, von der jede Fahrt einzeln abgebucht wird, oder mit der Option, für einen bestimmten Zeitraum beliebig viele Male die U-Bahn und den Bus zu benutzen. Für einen Tag kostet die MetroCard 7 $, für eine Woche 24 $.

Man achte auf die Fahrtrichtung des Zuges: *downtown* bedeutet Fahrt Richtung Süden, *uptown* Richtung Norden. *Express trains* lassen bestimmte Stationen aus, *local trains* halten überall.

Feste Fahrpläne gibt es nicht, wegen der Verkehrsdichte aber auch keine Wartezeiten. Zu den Stoßzeiten (7.30–9 und 16.30–19 Uhr) ist das Bad in der Menge nicht zu empfehlen.

Die Saxophonspielerin lässt sich von der vorbeifahrenden U-Bahn nicht stören

Nur die lizenzierten gelben Taxis haben Taxameter

Kostenlose Subway-Pläne erhält man dort, wo auch die MetroCard zu kaufen ist (z. B. im Times Square Visitor Center, s. S. 99).

Autobusse

Busse stellen die Ost-West-Verbindung auf Manhattans wichtigsten Streets her, die Subway ist eher Nord-Süd-orientiert. Eine Busfahrt kostet 2 $; man bezahlt bar (Geld genau abzählen – es wird nicht gewechselt), oder mit der MetroCard. Wer umsteigen will, verlangt vom Fahrer ein kostenloses *transfer ticket* – es gilt als Fahrschein für den nächsten Bus. Streckenpläne *(Manhattan Bus Maps)* erhält man an den Schaltern der Subway oder beim New Yorker Convention & Visitors Bureau (s. S. 99).

i Auskünfte zur Subway und öffentlichen Autobussen bekommt man unter Tel. (718) 330-1234 oder www.mta.info.

Taxis

Sie sind gelb wie Kanarienvögel und nur dadurch anzulocken, dass man heftig mit den Armen rudert. Taxistände oder die Möglichkeit, die Gelben per Telefon zu bestellen, gibt es nicht. Alle lizenzierten (gelben) Taxis verfügen über Taxameter, die auch eine Quittung ausspucken. 10–15 % Trinkgeld für den Fahrer sind üblich. Bevor man sich entspannt in die Polster fallen lässt, sollte man sich vergewissern, dass der Fahrer auch wirklich verstanden hat, wohin man möchte – Taxifahrer mit Muttersprache Englisch haben Seltenheitswert in New York.

Ausdrücklich sei davor gewarnt, sog. Gypsy Taxis zu besteigen, d. h. nichtlizenzierte Fahrzeuge, die nicht gelb sind und kein Taxameter haben. Wer sich ihren Fahrern anvertraut, kann sicher sein, überhöhte Preise zu bezahlen. Zudem sind die Fahrer oft nicht versichert.

1
Karte Seite 40

Weg 1

Die Freiheitsstatue im Blick

Ground Zero → **Statue of Liberty → **Ellis Island → *World Financial Center

Dieser Weg führt vom »Ground Zero« über den südlichen Abschnitt des Broadway. Er zeigt die frühen Verteidigungsanlagen Manhattans, macht mit der »Freiheit, die die Welt erleuchtet« und der »Insel der Tränen« bekannt und bietet Gelegenheit zu einem Spaziergang am Flussufer bis zum World Financial Center. Man sollte dafür einen Tag einplanen.

Ground Zero ❶

Es dauerte Jahre, bis die unendliche Geschichte um den Wiederaufbau des World Trade Center zu einem Abschluss bzw. zu einem neuen Anfang kam: dem Baubeginn. Ende April 2006 stellte Bürgermeister Bloomberg ein Ultimatum; seitdem wird gebaggert und der Freedom Tower (541 m hoch) sowie vier weitere Hochhäuser sollen bis 2012 fertiggestellt sein.

Vorangegangen war ein jahrelanges Tauziehen mit an der öffentlichen Meinung gescheiterten und verworfenen Entwürfen, einem zeitweilig entthronten Stararchitekten (Daniel Libeskind) und einem Pächter, dem die Mittel für das gigantische Bauvorhaben fehlten. Umstritten war und ist, welche Funktion die Bauten auf dem Grund erfüllen sollen: Für die Hinterbliebenen der Opfer des Anschlags vom 11. September 2001 ist Ground Zero eine Grab- und Gedenkstätte, die sie durch ein Memorial bewahrt sehen möchten. Der Wirtschaft geht es um Büroflächen und der Politik darum, ein Zeichen zu setzen.

Daniel Libeskinds Plan für den Freedom Tower schien ein akzeptabler Kompromiss, allerdings wurde auch dieser Entwurf immer wieder modifiziert – zuletzt im Mai 2005 aufgrund von Sicherheitsvorschriften.

Bleibt abzuwarten, ob sich denn auch Mieter für die nun entstehenden Gewerbeflächen finden werden. Die Erfahrungen mit dem ersten fertiggestellten Büroturm (World Trade Center Nr. 7) waren nicht berauschend.

Equitable Building ❷

Über die Liberty Street erreicht man den Broadway, dem man in südlicher Richtung folgt. Das Equitable Building, ein klotziger Bau von 1915, sorgte dafür, dass ein Jahr nach seiner Fertigstellung neue Bauvorschriften erlassen wurden: Die oberen Stockwerke von Hochhäusern mussten nun wegen des Lichteinfalls stufenweise zurückgesetzt werden (s. S. 20). Dieses Gesetz prägte die ganze folgende Generation von Wolkenkratzern.

Neben **Century 21** (22 Cortlandt St., s. S. 9) bietet das Finanzviertel noch ein zweites Geschäft, in dem die Preise fallen: **Syms** (42 Trinity Pl.) bietet reduzierte Markenkleidung.

Trinity Church ❸

Ein paar Schritte weiter tritt man in eine Zeit, in der die Welt noch in Ordnung war, und der Kirchturm und nicht irgendein gigantisches Bürohaus die Umgebung dominierte. Heute wirkt

1
Karte Seite 40

Gewöhnungsbedürftig: Downtown Manhattan ohne das World Trade Center

die Trinity Church fast wie ein armer Verwandter zwischen all den Tempeln des Geldes, klein, bescheiden und geduckt – ein Eindruck, der allerdings trügt. Denn die Fläche, die Kirche und Friedhof in dieser Gegend mit den Schwindel erregenden Immobilienpreisen einnehmen, muss man sich erst einmal leisten können. Die Episkopalkirche kann es, und das verdankt sie der britischen Krone, die ihr einst einiges Land überließ (Mo–Fr 7–18, Sa, So 8–16 Uhr).

Arbeit prägt den Rhythmus des Finanzdistrikts. Doch zweimal pro Woche kommt auch die Muse zu ihrem Recht: Mo und Do um 13 Uhr finden in der Trinity Church **Konzerte** mit klassischer Musik statt. Gegen eine kleine Spende kann man ausgezeichnete Musiker hören.

Bowling Green ❹

Folgt man dem Broadway weiter nach Süden, so trifft man auf Zeugen aus den ersten Jahrzehnten der Stadt, die damals noch Nieuw Amsterdam hieß. Ungefähr Ecke Exchange Place und Broadway soll das Lager gestanden haben, in dem der niederländische Entdecker Kapitän Adriaen Block und seine Mannschaft den Winter 1613/14 unfreiwillig verbringen mussten. Ihr Schiff war abgebrannt, und es dauerte Monate, bis sie weiterziehen konnten.

Die nächsten Weißen hatten nicht vor, die Insel »Mannahatta« – so der indianische Name – wieder zu verlassen. Holländische Siedler ließen sich 1624 hier nieder. 1626 machte ihr Führer Peter Minuit genügend Glasperlen locker, um die Inbesitznahme der Insel einen Kauf nennen zu können: Tand im Wert von 24 $ soll er den Indianern gegeben haben. Angeblich fand das dubiose Geschäft auf dem Platz statt, der heute Bowling Green heißt.

U.S. Custom House ❺

Die Südseite des Parks beherrscht das Zollhaus, ein wunderschönes Beaux-Arts-Gebäude, das 1907 fertig gestellt wurde. Cass Gilbert war der Architekt, die vier Skulpturengruppen sind von Chester French und stellen Asien, Amerika, Europa und Afrika dar. Die zwölf Figuren über dem Gesims versinnbildlichen die großen Handelsnationen. Das Zollhaus beherbergt

1

WEGE 1 – 3
LOWER MANHATTAN
Subway (U-Bahnstation)
0 0,2 Meilen
0 0,2 Kilometer
HUDSON RIVER PARK
Hudson River
TRIBECA
BATTERY PARK CITY
FINANCIAL DISTRICT
LITTLE ITAL
CHINA
Canal Street
Broome
Grand
West Broadway
Wooster St.
Greene St.
Mercer Street
Broadway
Crosby St.
Howard St.
Lispenard St.
Walker
White Street
Lafayette St.
Centre
Baxter
Mulberry
Hester
Bayard
N.Y.C. Police Headquarters
Criminal Courts Bldg.
Federal Plaza
Worth Street
Pearl St.
US Court House
Police Headquarters
Watts
Vestry
Greenwich St.
Hudson Street
Hubert
Ericson Pl.
Varick Street
Ave. of the Americans
Moore St.
North
Franklin St.
Harrison St.
Leonard
Worth
Thomas Street
Duane Street
Church Street
Reade Street
Chambers Street
Warren
Terrace
Esplanade
River Terrace
End Ave.
Murray St.
Murray
West Broadway
Park Place
Barclay Street
Vesey Street
North End Ave.
Meryll Lynch
American Express
Ground Zero
Fulton
Park Row
Spruce St.
Beekman St.
Frankfort
Nassau St. Mall
William St.
Fulton St.
Water St.
John St.
Platt St.
Maiden Lane
Pine St.
Wall St.
Exchange Pl.
Liberty St.
Washington Street
Greenwich Street
Trinity Place
Dow Jones
South End Avenue
3rd Pl.
2nd Pl.
1st Pl.
Currard Building
Beaver St.
Broad St.
Coenties Slip
Whitehall St.
Bridge St.
Pearl St.
State St.
Water St.
Front St.
South Street
Elevated Highway
City Hall
Robert F. Wagner Jr. Park
Battery Park
Statue of Liberty, Ellis Island
Staten Island
N

Weg 1

- ❶ Ground Zero
- ❷ Equitable Building
- ❸ Trinity Church
- ❹ Bowling Green
- ❺ U.S. Custom House
- ❻ Castle Clinton
- ❼ Fähranlegestelle/Liberty und Ellis Island
- ❽ Fähranlegestelle/Staten Island
- ❾ Museum of Jewish Heritage
- ❿ World Financial Center

Weg 2

- ⓫ New York Stock Exchange
- ⓬ Federal Hall
- ⓭ Fraunces Tavern
- ⓮ Vietnam Veterans Memorial
- ⓯ Hanover Square
- ⓰ Chase Manhattan Plaza
- ⓱ Federal Reserve Bank
- ⓲ Schermerhorn Row
- ⓳ Brooklyn Bridge

Weg 3

- ⓴ St. Paul's Chapel
- ㉑ Woolworth Building
- ㉒ City Hall Park
- ㉓ Old New York County Courthouse
- ㉔ A. T. Steward Marble Dry-Goods Palace
- ㉕ The Hall of Records
- ㉖ Municipal Building
- ㉗ Foley Square
- ㉘ Museum of the Chinese in the Americas
- ㉙ Lower East Side Tenement Museum

1
Karte Seite 40

einen Teil der Sammlung des **National Museum of the American Indian** (tgl. 10–17, Do bis 20 Uhr; Eintritt frei).

Castle Clinton ❻ mit Battery Park

Dort, wo heute das Custom House steht, thronte etwa 150 Jahre lang ein Festungsbau. Nach der Unabhängigkeitserklärung wurde die Anlage abgerissen, und man erbaute ein Government House, in das der Präsident einziehen sollte – New York war 1785–1790 Hauptstadt des Landes.

Im Jahre 1811, als England und Frankreich miteinander im Krieg lagen, schien es wieder nötig, verteidigungsbereit zu sein: England bedrohte die junge US-Nation, um ihr den Appetit am Handel mit Frankreich zu verderben. So ging man daran, eine neue Festung zu bauen: West Battery oder Castle Clinton. Als Verteidigungsanlage kam sie nie zum Einsatz. In den 1940er Jahren ist sie zum Nationaldenkmal erklärt worden.

Die kleine Grünfläche, in der Castle Clinton steht, heißt Battery Park. Dort sind verschiedene Denkmäler zu sehen – das beeindruckendste ist die Plastik des deutschen Künstlers Fritz König. Der »Globe« stand jahrzehntelang auf der Plaza vor dem World Trade Center und überlebte den Einsturz der Gebäude zwar beschädigt, aber nicht gänzlich zerstört.

**Statue of Liberty

Durch den Battery Park spaziert man zur **Anlegestelle ❼** der Fähre, die zur Liberty Island mit der Freiheitsstatue und nach Ellis Island fährt (tgl. 8.30 bis 16.30 Uhr, im Sommer länger; Abfahrt vom Battery Park stündlich, im

Die Freiheit, die die Welt erleuchtet

Sommer halbstündlich; 11,50 $; Fahrtdauer 20 Min.). An schönen Tagen sind die Warteschlangen sehr lang. Nach langwierigen Renovierungsarbeiten ist der Zugang zur Freiheitsstatue wieder möglich. Allerdings darf man der Dame nicht mehr zu Kopf steigen, sondern muss im Sockel verweilen. An dessen oberem Ende liegt auf 45 m Höhe eine Besucherplattform. Einblick ins Innere der Figur ermöglicht eine eingezogene Glasdecke (die limitierten Gratis-Tickets für die Besichtigung der Statue bestellt man am besten vorab unter Tel. 269-5755 oder www.statuereservations.com).

Freiheit, die die Welt erleuchtet

Die 46 m hohe Statue – ursprünglich hieß sie »Freiheit, die die Welt erleuchtet« – kam als Geschenk nach Amerika, gestiftet von Frankreich, das seine Begeisterung für die Amerikanische Revolution ausdrücken wollte; die Franzosen sahen in der Unabhängigkeitsbewegung »die Vollendung der Französischen Revolution jenseits des Atlantiks«. Initiator der Aktion war der Rechtswissenschaftler Edouard de Labourlaye; ausgeführt wurde die Arbeit vom Bildhauer Frédéric Auguste

Bartholdi; Gustave Eiffel konstruierte das Gerüst im Inneren. In Stücke zerlegt und in 200 Kisten verpackt, trat die Dame ihre Reise über den Atlantik an; 1885 fuhr sie im Hafen von New York ein. Nach der Lösung des Sockel-Problems (s. unten) wurde sie am 28. Oktober 1886 mit Pomp enthüllt.

Mythos Freiheitsstatue

Danach geschah etwas Seltsames: Vielleicht lag es am exponierten Standort im Hafen, vielleicht an der Pose, dem wie zum Gruß erhobenen Arm. Jedenfalls dauerte es nur wenige Jahre, bis der ursprüngliche Bedeutungsgehalt der Figur vergessen war.

Was von Frankreich als Zeichen der Völkerfreundschaft und der gemeinsamen Freiheitsliebe gedacht war, wurde bald als Symbol der Freiheit amerikanischer Prägung gesehen, als Sinnbild des Einwandererstaates. Aus der »Freiheit, die die Welt erleuchtet« wurde die »Mutter der Emigranten«, die ihre im Sockel eingemeißelten Worten in die ganze Welt hinausrief: »Bring mir deine Müden, deine Armen, deine geduckten Massen, die sich nach Freiheit sehnen, den elenden Abfall deiner überfüllten Küsten, schick sie mir, die Heimatlosen, vom Sturm Gebeugten. Ich erhebe mein Licht neben der goldenen Pforte!«

Über 16 Mio. Menschen zogen zwischen 1892 und 1924 durch dieses offene Tor; ihnen ist das **Statue of Liberty Museum** im ersten Stock des Sockels der Freiheitsstatue gewidmet.

1 Karte Seite 40

4 **Ellis Island

Der Weg der eben Eingetroffenen führte erst einmal nach Ellis Island, einer kleinen Insel, auf der die Einwanderer bis in alle Einzelheiten befragt und untersucht wurden. Die »Müden, Armen« sahen dieser Inspektion mit Schrecken entgegen, denn die Realität war ganz anders, als es das lyrische Versprechen in Stein weismachen will. Gesetze, die je nach Ansturm und politischer Situation geändert wurden,

Kein Sockel für die Lady

Genau genommen war die »Freiheit, die die Welt erleuchtet« ein Danaergeschenk: Die Franzosen hatten ihre Gabe an die Bedingung geknüpft, dass die New Yorker ein würdiges Podest für die Lady schaffen sollten. Nicht nur, dass dieses etwa genauso teuer war wie die Figur, es fehlte in New York auch am Enthusiasmus der spendenfähigen Schicht: Man sah nicht ein, dass man für ein Geschenk, das einem jemand aufdrängt, indirekt zahlen sollte. So kam es, dass immer noch 100 000 $ für den Sockel fehlten, als die Kisten mit der zerstückelten Lady in New York ankamen.
Eine peinliche Situation, die ein Mann namens Joseph Pulitzer rettete. Er veröffentlichte in seiner Zeitung »The World« einen Aufruf, in dem er jedem Spender die namentliche Erwähnung in seinem Blatt versprach. Ein geschickter Schachzug: Nicht nur, dass er innerhalb von einem halben Jahr die fehlende Summe beisammen hatte – sie setzte sich fast nur aus Spenden von unter einem Dollar zusammen –, er steigerte auch die Auflage seines Blattes erheblich.

1
Karte Seite 40

Börsianer genießen die Mittagssonne im Battery Park

verwehrten Schwachen, Kranken, politisch Unerwünschten, allein stehenden Frauen und völlig Mittellosen den Zutritt ins Land der Freien. Wer die Prüfung nicht bestand, wurde unverzüglich zurückgeschickt.

2000 Einwanderer pro Tag waren in den Rekordjahren 1907 und 1914 keine Seltenheit. Man stelle sich nur die Enge vor, die in dem riesigen Wartesaal herrschte, die verbrauchte, stickige Luft, das Stimmengewirr. Dies – die Angst und die menschlichen Tragödien – in einem Museum zu vermitteln, ist nicht leicht, aber hier ausgezeichnet gelungen: Die Bilder und Stimmungen, die in Filmen, Ausstellungen und durch Erinnerungsstücke wach gerufen werden, sind unsentimental und doch höchst eindringlich (Fähren tgl. 8.30–16.30 Uhr, im Sommer länger; Abfahrt vom Battery Park stündlich, im Sommer halbstündlich, 11,50 $).

2 Am Terminal South St. (am Fuß der Whitehall St.) legt alle 30 Minuten die **Staten Island Ferry** ❽ ab; auf ihrem Weg nach Staten Island durchquert sie den New Yorker Hafen. Der **Blick ist großartig, man sieht Ellis Island, die Freiheitsstatue und die Skyline Manhattans, und das alles umsonst! Am besten sitzt man in Fahrtrichtung rechts oder ganz hinten (s. auch Special S. 10).

Robert F. Wagner Jr. Park

Auf mehreren Ebenen führen Wege durch ein landschaftlich reizvoll gestaltetes Terrain über dem Flussufer; Bänke und Terrassen laden dazu ein, die Sonne und den Blick auf die Statue of Liberty zu genießen.

Hier steht auch das architektonisch interessante **Museum of Jewish Heritage** ❾. Die 1997 eröffnete Gedenkstätte, die sich »A Living Memorial to the Holocaust« nennt, stellt anhand von Bildern, Dokumenten und Berichten Überlebender die jüdische Kultur des 20. Jhs. vor, während und nach dem Holocaust vor (So–Di und Do 10–17.45, Mi 10–20, Fr 10–17 Uhr).

In dem 2003 eröffneten neuen Flügel des Museums lockt ein nettes Café mit koscherer Küche zur Einkehr: **Abigael's**.

Battery Park City

Spaziert man entlang dem Fluss nach Norden, erreicht man Battery Park City. Ihre Entstehung verdankt die 1979 konzipierte »Stadt« am Ufer des Hudson River dem World Trade Center: Erde, die zu dessen Bau ausgehoben wurde, kippte man zur Landgewinnung in den Fluss. Das Neuland wurde Staatseigentum, die Bebauung erfolgte nach einheitlicher stadtplanerischer Konzeption.

Die Esplanade, die Promenade am Flussufer, ist ein beliebter Treff für Jogger und Frischluftfanatiker, die der Enge der Büros des ***World Financial Center** ⑩ entkommen wollen. Dieser, aus vier Haupttürmen bestehende Komplex, den der Architekt Cesar Pelli entwarf, ist das kommerzielle Zentrum der Battery Park City. Marmor und Messing sorgen für Prunk, die Palmen im Wintergarten für südliches Flair.

Auch nördlich von Battery Park City kann man spazieren gehen, skaten, joggen und radfahren. Der **Hudson River Park,** der bis zur 59th Street reicht, bietet dazu Gelegenheit. Wer diesen angeblich »schönsten Radweg der Stadt« kennen lernen will, kann das dazu nötige Vehikel bei **River Bikes,** Pier 25, N. Moore St., Tel. 967-5444, mieten.

Panorama-Bootstour

In der Marina vor dem Wintergarten des World Financial Center liegen kleine Boote, die über den Hudson River nach New Jersey fahren. Drüben auszusteigen lohnt sich allerdings nicht, aber die Rundreise macht Spaß – und bietet großartige Fotomotive.

Weg 2

Der Finanzdistrikt

Wall Street → *South Street Seaport → **Brooklyn Bridge

2 Karte Seite 40

Weg 2 ist ein gemütlicher Spaziergang durchs Finanzviertel, der etwa einen halben Tag in Anspruch nimmt. Diese Tour sollte man nicht am Wochenende durchführen – da ist die Gegend nämlich völlig ausgestorben. Um die Hektik, das Gedränge und Geschiebe in Wall Street zu erleben, empfiehlt es sich, morgens vor 9 Uhr oder abends kurz nach Büroschluss herzufahren.

Mit der U-Bahn kommt man direkt zur **Wall Street,** und wenn man hier vor 9 Uhr ist, fühlt man sich wie ein Statist in einem Film: Junge Männer mit Anzügen und Walkmen rasen die Treppen empor; dunkle Limousinen fahren vor und spucken diejenigen aus, die hier Geld und Macht verkörpern; Frauen im Business-Kostüm und mit Turnschuhen eilen auf Glastüren zu. Je näher der Zeiger an die neun heranrückt, desto hektischer geht es zu; Tausende verschwinden in den Drehtüren der Banken und Bürohäuser, bis es dann schlagartig ganz still wird. Wall Street, die enge Schlucht zwischen den Tempeln des Geldes, liegt verlassen da – innen summt es wie im Bienenkorb.

**New York Stock Exchange ⑪

Die New Yorker Börse liegt Ecke Wall Broad Streets und wirkt von außen wie ein Tempel: mächtige Säulen, der Fries des Portikus reich verziert. Das

2
Karte Seite 40

Tempel der Hochfinanz: New York Stock Exchange an der Wall Street

Gebäude von 1903 wurde 1923 erweitert. Hinter seiner Fassade schlägt das Wirtschaftsherz der USA: Über 200 Millionen Aktien von über 2000 Firmen werden hier täglich gehandelt.

Gegründet wurde die New Yorker Börse 1792, die große Zeit der Wall Street kam aber erst Ende des 19. Jhs. Die industrielle Revolution hatte die Welt verändert; im amerikanischen Sezessionskrieg, dem Krieg zwischen den Nord- und Südstaaten, waren einige Leute unendlich reich geworden. Small Business hatte ausgedient: Es bildeten sich große Korporationen, die für ihre Projekte mehr Geld brauchten, als sie selbst zur Verfügung hatten. Die Kapitalbesorgung übernahmen die Banken. Wertpapiere fanden reißenden Absatz, und Wall Street, der Marktplatz des Big Business, wurde binnen kurzem nicht nur zum Synonym für Wertpapierhandel, sondern auch zum Seismographen der Weltwirtschaft. Dies wurde nicht nur am 29. Oktober 1929 deutlich, dem »Schwarzen Freitag«, der den Beginn der Weltwirtschaftskrise markierte,

Es begann unter einer Platane

Der Grundstock für die Wall Street wurde 1792 gelegt. Der junge Staat, der schwer unter der Belastung durch den Unabhängigkeitskrieg litt, brauchte Geld und beschloss, Anleihen auszugeben. Um die Bedingungen für den Handel mit diesen Papieren festzulegen, trafen sich 24 Makler unter einer Platane auf der Wall Street und gründeten die New Yorker Börse. Noch im selben Jahr bezogen sie das Tontine Coffee House an der Ecke Wall/Water Streets; dann bauten sie dort, wo die New York Stock Exchange heute steht: 20 Broad Street. Die Zeichensprache der Börsianer soll darauf zurückgehen, dass man die Partner in den angrenzenden Häusern vom Gehsteig aus übers »Kaufen« oder »Verkaufen« informieren musste.

sondern zeigt sich auch in der Folge des 11. September 2001 im extremen Einbruch der Kurse (Besuchergalerie auf unbestimmte Zeit geschl.).

Gut essen kann man im Hochhaus in der Wall Street 40, das Donald Trump gehört und seinen Namen trägt: Im **Mangia** trifft man u. a. Börsianer, die es satt haben, von Pizza am Computer zu leben.

Federal Hall ⓬

Schräg gegenüber der New York Stock Exchange liegt Federal Hall, ein prächtiger klassizistischer Bau. An seiner Stelle stand zuvor das Rathaus. In ihm fand ein Prozess statt, der als Meilenstein in die Geschichte der Pressefreiheit eingegangen ist: John Peter Zenger, Herausgeber der Zeitung »New York Weekly Journal«, wurde 1735 wegen »aufrührerischer Verleumdung« der königlichen Regierung angeklagt, da er den britischen Gouverneur der Korruption bezichtigt hatte. Im Prozess wurde die Bestechung nachgewiesen und Zenger freigesprochen – das Recht der Presse, die Wahrheit zu schreiben, auch wenn sie den Herrschenden nicht gefällt, war damit zementiert (Mo–Fr 9–17 Uhr).

Die Statue, die vor Federal Hall steht, zeigt George Washington, den ersten Präsidenten der USA. Er wurde am 30. April 1789 vor dem New Yorker Rathaus inauguriert.

Fraunces Tavern ⓭

Mit Washington steht noch ein weiteres Gebäude in Verbindung, das sich an der Ecke Pearl/Broad Streets in einem Häuserblock aus dem 19. Jh. befindet: die Fraunces Tavern. George Washington, der die amerikanischen Truppen im Unabhängigkeitskrieg be-

2 Karte Seite 40

Zum Volk gesprochen

Dort, wo heute Federal Hall steht, erklangen 1776 markige Worte, die der britischen Kolonialmacht und ihren Vertretern in Übersee gar nicht gefielen: »Folgende Wahrheiten halten wir für selbstverständlich: dass alle Menschen gleich geschaffen sind; dass sie von ihrem Schöpfer mit gewissen unveräußerlichen Rechten ausgestattet sind; dass dazu Leben, Freiheit und das Streben nach Glück gehören; dass zur Sicherung dieser Rechte Regierungen unter den Menschen eingesetzt werden, die ihre rechtmäßige Macht aus der Zustimmung der Regierten herleiten; dass, wann immer irgendeine Regierungsform sich für diese Zwecke als schädlich erweist, es das Recht des Volkes ist, sie zu ändern oder abzuschaffen ...«

Deutliche Worte, gesprochen und in die Tat umgesetzt 13 Jahre vor der Französischen Revolution: Sie stehen in der Unabhängigkeitserklärung, die am 4. Juli 1776 vom Kontinentalkongress in Philadelphia angenommen und unterzeichnet wurde. Die einzige Kolonie, die nicht unterschrieb, war New York, was die Aufständischen aber nicht daran hinderte, das Dokument 14 Tage später vor dem hiesigen Rathaus zu verlesen.

fehligt hatte, nahm in diesen Räumen 1783 Abschied von seinen Offizieren. Das heutige Gebäude ist stilistisch seinem ab 1719 entstandenen Vorgänger nachempfunden. Historische Dokumente, Stilmöbel etc. aus dem 18. und 19. Jh. sind im Museum in den oberen Stockwerken zu sehen (Di–Fr 12–17, Sa 10–17 Uhr).

2 Karte Seite 40

Vietnam Veterans Memorial ⓮

Ein Abstecher führt zum Coenties Slip, auf dem das Memorial steht, das an die Opfer des Vietnamkrieges erinnert. Keine martialische Bombastik, keine Gewehr schwingenden Helden, nur eine Wand aus grünem Glas, auf der Auszüge aus Briefen der Soldaten zu lesen sind – eindrucksvoller kann man die Sinnlosigkeit eines Krieges und die Verzweiflung der Beteiligten nicht schildern.

Hanover Square ⓯

Folgt man der Water Street in nördlicher Richtung, erreicht man linker Hand diesen hübschen Platz. Sein Name ist ein Relikt aus der Zeit der Monarchie – König George I. stammte aus dem Haus Hannover. Hanover Square war eine feine Wohnadresse und entwickelte sich im Laufe des 18. Jahrhunderts auch zum Geschäftszentrum von New York. Dass kein einziges Bauwerk aus dieser Zeit erhalten ist, liegt an dem großen Feuer von 1835, das einen Großteil des Gebiets zwischen South, Broad und Wall Street zerstörte. In den Jahren des Wiederaufbaus entstand das **India House,** das Prunkstück des Hanover Square. Es wurde 1851–1854 errichtet und diente ursprünglich als Bankgebäude. Heute gehört es einem Club, dessen Mitglieder im Überseehandel engagiert sind.

»Four Trees« von Jean Dubuffet auf der Chase Manhattan Plaza

Im Erdgeschoss des Hauses befindet sich das Restaurant **Harry's,** eine Institution in den Börsianer- und Bankerkreisen der Wall Street. »Harry's« ist nur wegen der Atmosphäre interessant, und man kann nur hoffen, dass die Geschäfte, die hier getätigt werden, besser sind als das, was auf den Tisch kommt.

Entlang der Nassau Street

Über die Pearl Street gelangt man in die Pine Street und zur **Chase Manhattan Plaza ⓰** mit einer interessanten Plastik (»Four Trees«) von Jean Dubuffet. Man überquert den weiten Platz zur Nassau Street, der man in nördlicher Richtung folgt. Bald gelangt man zu einem trutzigen Gebäude, das den ganzen Block zwischen Maiden Lane, Nassau und Liberty

Streets einnimmt. Die Ähnlichkeit der **Federal Reserve Bank** ⑰ mit dem eindrucksvollen Palazzo Strozzi in Florenz ist gewollt: Er diente den Architekten York & Sawyer als Vorbild. Der Bau wurde 1924 vollendet, und dass er so klobig und wehrhaft aussieht, hat seinen Grund: Schließlich liegen hier in den unterirdischen Gewölben die größten Goldbestände der Welt.

Am *South Street Seaport

Vorbei an der **Louise Nevelson Plaza** – benannt nach der Künstlerin, deren abstrakte Plastiken auf dem Platz stehen –, erreicht man über die Maiden Lane und Front Street die Fulton Street und damit den South Street Seaport.

Museum (es gibt Ausstellungen zur maritimen Geschichte New Yorks, alte Schiffe, Werkstätten etc.), Einkaufszentrum (Boutiquen, Geschenke- und Souvenirläden sowie Galerien sind in die alten Häuser und in den Pier 17 Pavilion eingezogen), Ausgangspunkt für Hafenrundfahrten, Vergnügungszentrum (an schönen Tagen finden auch im Freien Veranstaltungen statt) und Restauranthochburg – der South Street Seaport ist vieles zugleich.

Hauptattraktion des **Museums** sind die historischen Schiffe an den Piers 15 und 16 wie der Dreimaster »Wavertree« (1885), das Fährschiff »Major-General William H. Hart« (1925), die Viermastbark »Peking« (1911) und das Feuerschiff »Ambrose« (1907) (Di–So 10–18, im Winter Fr–So 10–17 Uhr).

Die Fahrten, die die **Seaport Line** (Tel. 212/406-3434; ca. 1,5 Std.) mit Dampfschiffen und Raddampfern veranstaltet, führen um die Südspitze Manhattans mit Blick auf Liberty und Ellis Island, World Financial Center und Battery Park.

Am South Street Seaport

Ohne Hafen kein Handel

Dem alten Hafen verdankt New York seinen Aufstieg zur Weltstadt: Hier begann der Handel mit Übersee, legten die großen Segelschiffe aus aller Welt an und ab. Die Dampfschifffahrt läutete Mitte des 19. Jhs. den Niedergang des Geländes ein. Das Viertel an der East Side verfiel, bis es dank einem Revitalisierungsprogramm ab 1967 aus dem Dornröschenschlaf erwachte.

Der historische Distrikt von South Street Seaport umfasst elf Häuserblocks und drei Piers. Die Gebäude stammen aus dem 18. und aus dem frühen 19. Jh.; Prunkstück der Anlage ist die **Schermerhorn Row** ⑱ an der Südseite der Fulton Street – eine Häuserzeile, die aus kommerziellen Bauten im Georgian Federal und Greek Revival-Style besteht. Hier befindet sich auch das **Museum Visitors Center** (12 Fulton St.), in dem man sowohl Tickets für das Museum und die Bootstouren als auch Informationen aller Art erhält.

Für alle Gap-Fans, die bedauern, dass die Kette ihre Niederlassungen in Deutschland geschlossen hat: In der Shopping-Welt von South Street Seaport gibt es auch eine Filiale von **Gap** mit hochwertigen T-Shirts, Pullovern, Freizeitklamotten und cooler Kindermode.

2 Karte Seite 41

Brooklyn Bridge

2
Karte Seite 41

**Brooklyn Bridge ⑲

5

Vom Pier 17 genießt man den schönsten Blick auf die Brücke. Dieses Wunderwerk der Brückenbaukunst wurde von dem gebürtigen Thüringer Johann August Röbling entworfen. Als er während der Arbeiten zu Tode kam, übernahmen sein Sohn Washington und dessen Frau die Leitung. Sie vollendete das Bauwerk schließlich 1883 für ihren an den Rollstuhl gefesselten Mann. 20 Jahre lang war dies die größte Hängebrücke der Welt.

Über Brooklyn Bridge führen Trassen sowohl für Autos, für die Bahn als auch für Fußgänger. Letztere Trasse wird allerdings weniger von »Gängern« genützt als von Joggern. Technik und Ästhetik bewundert man am besten zu Fuß, denn von der Brücke aus bietet sich zusätzlich ein grandioser Ausblick auf Manhattan.

Unter der Brooklyn Bridge liegt eines der ältesten und nettesten Lokale der Gegend: das **Bridge Café** (279 Water St.). Der schmale Raum mit den Ziegelwänden und den Holztischen mit ihren rot-weißen Tischtüchern ist gemütlich, das Essen schmeckt gut.

Weg 3

Vom Civic Center zur Lower East Side

City Hall Park → **Chinatown → Little Italy → Lower East Side

Dieser Spaziergang führt durch das Regierungsviertel und hinein in eine der interessantesten Ecken Manhattans. Hier, im Südosten der Stadt, liegen die Wohn- und Geschäftsviertel derjenigen, die sich New York im 19. Jahrhundert zur neuen Heimat erkoren: Lower East Side, Little Italy und Chinatown. Für die Tour braucht man einen Tag, wenn man sich in der Lower East Side auf das Gebiet südlich der East Houston Street beschränkt, ansonsten etwas länger.

St. Paul's Chapel ⑳

Vor dem 11. September kam der kleinen hübschen St. Paul's Chapel vor allem historische Bedeutung zu: Sie wurde – nach dem Vorbild von St.-Martin-in-the-Fields in London modelliert – 1766 vollendet und nahm damit den Rang der ältesten Kirche und des ältesten städtischen Gebäudes in Manhattan ein. Hier betete schon George Washington, hier fand die Messe anlässlich seiner Vereidigung zum Präsidenten 1789 statt.

Dann kam der 11. September. Direkt hinter dem alten Friedhof brannte das World Trade Center Fünf. Bilder, die nach dem Zusammenbruch der Türme entstanden, zeigen die kleine Kirche, gehüllt in eine schwarze Wolke aus Rauch, Staub und Geröll. Angrenzende Häuser wurden schwer beschädigt

– in St. Paul's ging nicht mal ein Fenster zu Bruch. Die Aufräumarbeiten begannen und die Kirche wurde zur Anlaufstelle der Helfer: In St. Paul's gab es warme Mahlzeiten, hier fand man einen Platz zum Schlafen und alles, was man brauchte.

Der sakrale Ort in unmittelbarer Nähe von Ground Zero wurde nach den Anschlägen zum Memorial: Der gesamte Zaun, der den alten Friedhof umgibt, war bedeckt mit Blumen, Fahnen, Solidaritätsadressen, Fotos, Gedichten und Gebeten, T-Shirts, Teddybären und Baseballmützen ... Die Kirche hat auf diese spontane Manifestation von Trauer und Anteilnahme reagiert und versteht sich heute als Gedenkstätte für die Opfer von 9/11.

Woolworth Building

3 Karte Seite 40

Woolworth Building ㉑

Einen Block weiter nördlich am Broadway (Nr. 233) steht dieses Gebäude, das Cass Gilbert weltberühmt gemacht hat. Es gilt – zumindest unter New Yorkern – als das schönste kommerzielle Gebäude der Welt. F. W. Woolworth ließ den neogotischen Geschäftstempel erbauen – sich selbst und seinen Kaufhäusern zum höheren Ruhm. In der dreistöckigen Eingangshalle, die eine blau, grün und golden schimmernde Mosaikdecke überspannt, sitzt er höchstpersönlich unter der Balkonbrüstung, als kleiner, seine Pfennige zählender Gnom karikiert. Ihm gegenüber Cass Gilbert mit einem Modell des Gebäudes im Arm.

City Hall Park ㉒

Im 18. Jh., zu der Zeit, als sich das Leben in Manhattan noch ausschließlich auf der Südspitze der Insel abspielte, diente die heute City Hall Park genannte Grünfläche zwischen Broadway, Park Row und Chambers Street als Gemeindeland. Es gehörte allen und wurde als Weidefläche oder für Versammlungen und militärische Übungen genutzt. Als New York Anfang des 19. Jhs. nach Norden expandierte und seine Bewohner wieder einmal ein neues Rathaus brauchten – das dritte in 170 Jahren –, wählten sie diese Fläche als Baugrund.

City Hall

1812 wurde die City Hall eingeweiht. Dass der Amtssitz des Bürgermeisters und des Stadtrats (mit Museum) noch heute seine ursprüngliche Funktion erfüllt, ist eigentlich ein Wunder angesichts des New Yorker Verschleißes an Rathäusern.

Erst 1956 entschloss man sich, das Gebäude von Grund auf zu restaurieren und so eines der schönsten historischen Bauwerke der Vereinigten Staaten zu erhalten. So sehr man bemüht war, die Renovierung originalgetreu durchzuführen – um eine Ände-

3
Karte Seite 40

rung kam man nicht herum: die Nordseite und die Fassade mit demselben Material einzukleiden (Alabama-Kalkstein). Für die Südseite hatte man Anfang des 19. Jhs. edlen Marmor gewählt, während es für die Nordseite gerade zu billigem Backstein reichte (Mo–Fr 10–17 Uhr).

Old N. Y. County Courthouse ㉓

Dennoch entstand hinter der Ziegelwand das Old N. Y. County Courthouse, auch Tweed Courthouse genannt, weil es ein Herr namens Tweed erbaute, der es geschickt verstand, öffentliche Gelder in seine Taschen fließen zu lassen.

Umsonst mit dem Bus durch Downtown: Tgl. von 10–20 Uhr verkehren Busse der **Downtown Connection** etwa im 10-Minuten-Rhythmus. Die Route verläuft mit Dutzenden von Stopps entlang Beekman, Water, State Sts., Battery Place, W. Thames St., South End Ave., West St., North End Ave. bis Chambers St. (Tel. 566-6700).

Chambers und Centre Streets

A. T. Stewart Marble Dry-Goods Palace ㉔

Spaziert man vom Tweed Courthouse Richtung Broadway, kommt man zum A. T. Stewart Marble Dry-Goods Palace. Stewart war ein genialer Geschäftsmann: Das Haus, das er 1846 eröffnete, war das erste große Kaufhaus New Yorks und ein derartiger Erfolg, dass es bald expandierte. »Marble Palace« heißt es, weil es im Stil eines italienischen Palazzos und ganz aus weißem Marmor gebaut ist, der Zusatz »Dry-Goods« verrät, womit Stewart sein Vermögen machte: Textilien.

The Hall of Records ㉕

Ein Stück weiter östlich befindet sich The Hall of Records, die im Jahr 1911 gebaut wurde und zu den schönsten Beaux-Arts-Gebäuden New Yorks zählt. Acht korinthische Säulen dominieren die Fassade; Skulpturengruppen und Statuen setzen Akzente. Der Inhalt ist nüchterner als die Form: Neben dem Stadtarchiv ist hier das Nachlassgericht *(surrogate's court)* untergebracht.

Municipal Building ㉖

Schräg gegenüber steht das Municipal Building aus dem Jahr 1914. Dem Architektenteam McKim, Mead und White gelang es, den Bau trotz seiner Größe so zu gestalten, dass er die City Hall nicht optisch erdrückt, sondern im Gegenteil einen imposanten Kontrapunkt zu dem eleganten, wesentlich niedrigeren Rathaus bildet.

Die Chambers Street verschwindet unter dem Municipal Building und endet jenseits des Gebäudes in der **Police Plaza** – so genannt nach dem Polizeihauptquartier im Osten.

In New York findet Justitia nie Ruhe: Die ganze Nacht hindurch tagt der **Night Court** im Criminal Courts Building (100 Centre St.). Die Sitzungen sind öffentlich. Man kann zusehen, wie Verhaftete dem Richter vorgeführt werden, der entscheidet, ob sie in die Zelle müssen.

Foley Square ㉗

Über die Centre Street erreicht man den Foley Square. Hier setzt sich die Reihe der Verwaltungs- und Gerichtsgebäude, die zum Civic Center gehören, fort. Und: Regierungs- und Justizgebäude, wohin man auch schaut entlang der Centre Street. An der Kreuzung Centre/White Streets lohnen sich ein paar Schritte nach links: Ecke Lafayette/White Streets steht ein Schlösschen – es wurde 1895 als Feuerwehrhaus erbaut. Nun folgt man der White bis zur Baxter Street, biegt in die Bayard Street ein und landet in einer anderen Welt.

**Chinatown

Die Telefonzellen tragen Pagodendächer, die Geschäfte fremdartige Schriftzeichen und die Händler Kisten mit exotischen Gemüsen und Gewürzen. In den Schaufenstern hängen rötlich gebeizte Enten, ein paar Schritte weiter bestickte Deckchen neben Körbchen, Püppchen, Schühchen und grellfarbigen Seidentüchern: Wir sind in Chinatown.

Chinesische Einwanderer

Um die 150 000 Menschen leben hier auf engstem Raum, wobei ihre Zahl ständig zunimmt: Sie kommen aus

3 Karte Seite 40

Chinatown – Zuflucht im Osten

Die Masseneinwanderung der Chinesen setzte Mitte des 19. Jhs. ein, und zwar in Kalifornien. Nach dem Goldrausch brauchte man dort jede Menge billiger Arbeitskräfte, die sich in den Minen oder beim Eisenbahnbau ausbeuten ließen, und da kamen die Chinesen gerade recht. In ihrer Heimat herrschte bitterste Armut, und die Männer verließen zu Tausenden ihr Land. Auch ihre Familien wären dem Elend gerne entkommen, doch die US-Einwanderungsbehörden waren an ihnen nicht interessiert – man wollte Arbeitskräfte und keine Menschen.

Die Bewohner der Ostküste kamen damals mit den Asiaten noch überhaupt nicht in Berührung; billige Arbeitskräfte hatte man hier immer aus Europa bekommen. Ein Chinese galt als Attraktion – zu sehen in P. T. Barnum's 1842 in New York eröffnetem American Museum. In den 70er Jahren des 19. Jhs. begannen die Schwierigkeiten: Die chinesische Population war auf fast ein Zehntel der Bevölkerung Kaliforniens angewachsen, wirtschaftlich ging es bergab. In dieser Zeit sahen sich die Asiaten immer größeren Schwierigkeiten ausgesetzt; sie wurden verfolgt, verloren Arbeit und Besitz. 1882 wurde Chinesen per Gesetz die Einreise verboten. Viele, die schon im Lande waren, zogen nach Osten, um dort Arbeit und den Schutz einer Gemeinschaft zu finden. So bildeten sich die Chinatowns in den Städten an der Ostküste – autarke Gemeinschaften, die von der weißen Mehrheit durch ihre Sprache, ihre Religion und die Angst vor der Außenwelt isoliert waren. Es waren reine Männergemeinschaften, in denen sich Organisationen bildeten, die das soziale und wirtschaftliche Leben regelten und sozusagen die Familie ersetzten.

Aus diesem Nukleus – 1870 lebten 29 Chinesen in der Lower East Side, 1890 bestand Chinatown aus 3000 Menschen – bildete sich die heutige Chinatown, längst eine Welt der Familien, doch immer noch Gesetzen gehorchend, die nicht im Rathaus von New York gemacht werden.

3
Karte Seite 40

aus Hongkong, Taiwan und vom chinesischen Festland, und die Mehrheit kommt illegal, eingeschleust von Schlepperbanden. An diesen Illegalen verdienen die Menschenhändler, die Kopfgeld in fünfstelliger Dollar-Höhe verlangen; und von ihnen lebt die Wirtschaft dieses Kleinkosmos in der Großstadt: Die Nähereien, von denen es etwa 600 in Chinatown gibt, arbeiten billiger als ihre Konkurrenz in Asien. Der niedrige Lohn hält die Arbeiter in lebenslanger Abhängigkeit von ihren Schleppern, die Arbeits- und Lebensbedingungen schreien zum Himmel. Wenn davon etwas an die Öffentlichkeit dringt, ist beispielsweise die Rede von 40 bis 50 Menschen, die in einem Keller zusammenleben und dafür pro Kopf 60 $ Miete zahlen.

Solche Skandale kommen meist nur beim Einsatz der Feuerwehr ans Licht; in der Regel kümmert sich die Stadt genausowenig um Chinatown wie dessen Bewohner etwas mit dem Rest New Yorks zu tun haben wollen. Wie lange das noch so bleibt, ist die Frage. Denn nicht zuletzt aufgrund der illegalen Einwanderung wächst Chinatown in rasender Geschwindigkeit. Längst hat es seine ursprünglichen Grenzen zwischen Bowery und Baxter, Canal und Worth Streets gesprengt und frisst sich nun in die benachbarten Viertel Little Italy und Lower East Side hinein.

Das Leben in Chinatown spielt sich nach eigenen Gesetzen ab. In den engen Straßen zwischen all den Verkaufsständen, auf denen sich Früchte und Gemüse, Fische, Krabben und Muscheln türmen, unter Menschen, die in asiatischem Singsang aufeinander einreden – viele von ihnen können gar kein Englisch –, fühlt man sich wie auf einem anderen Kontinent.

Geschichte der US-Chinesen

Einblick in diese fremde Welt vermittelt das kleine **Museum of the Chinese in the Americas ㉘**, das in Form einer chinesischen Laterne gestaltet wurde. Es ist das einzige Museum in den USA, das sich der Geschichte sowie den gesellschaftlichen und sozialen Verhältnissen der Auslandschinesen widmet (70 Mulberry St.; Di–Sa 12–17 Uhr).

Die New Yorker fahren hauptsächlich zum Essen nach Chinatown. Es gibt Hunderte von kleinen, einfachen Restaurants, die mit den herrlichsten Köstlichkeiten aufwarten. Sie sind eng, laut, manchmal ein bisschen schmuddelig, und reservieren kann man auch nicht. Daher muss man an Samstagen vor vielen Restaurants mit langen Schlangen rechnen, und auch am Sonntagvormittag, wenn die New Yorker zum Dim-Sum-Brunch nach Chinatown pilgern, ist es recht voll. Dim Sum wird in riesigen Hallen serviert, durch die die Bedienung mit Wägelchen zieht, auf denen verschiedenste kleine Köstlichkeiten stehen; man wählt und nimmt, so viel man will – bezahlt wird nach der Anzahl und Art der Teller, die man vor sich aufgestapelt hat. Die beliebtesten Dim-Sum-Lokale sind: **Nice Restaurant** (35 E. Broadway), **Golden Unicorn** (18 E. Broadway), **New Silver Palace** (52 Bowery) und **Mandarin Court** (61 Mott St.). Was die Popularität der übrigen Restaurants betrifft, so hat jeder New Yorker seine Lieblingsadresse.

Little Italy

Zum Nachtisch spaziert man über die Canal Street nach Europa: Little Italy lockt mit landestypischen Süßigkeiten und echtem Espresso – zu italienischen Preisen: Zuweilen bezahlt man für das Dessert in Little Italy genauso viel wie für ein ganzes Menü in Chinatown. Überhaupt diktiert der Kommerz das Leben in »Klein-Italien«; den Charakter eines Wohnviertels hat es längst verloren.

Entlang **Mulberry Street** reihen sich Restaurants, Kaffeehäuser und Delikatessengeschäfte. Und dass sie »authentisch italienisch« erhalten blieben, liegt nur daran, dass es Absprachen zwischen der Mafia und ihrem chinesischen Gegenstück gibt, die Mulberry Street vor der »Chinesierung« zu bewahren.

Nur wenn hier gefeiert wird – Mitte September zum Beispiel wird die Mulberry Street zu Ehren von San Gennaro geschmückt –, spürt man noch etwas von dem, was Little Italy Ende des 19. Jhs. war: die Fortsetzung von Rom, Neapel und Palermo jenseits des Atlantiks. Noch 1932 waren ungefähr 98 % der Bewohner dieses Viertels italienischer Abstammung.

Architektonisches Prunkstück der Gegend sind die **N. Y. C. Police Headquarters** (240 Centre St.). Der 1909 im Stil der französischen Renaissance erbaute Palast wurde in ein Apartmentgebäude verwandelt.

Lower East Side

Jenseits der **Bowery**, die noch vor ein paar Jahrzehnten als berüchtigtste Straße New Yorks galt – Synonym für sozialen Abstieg, Alkoholismus und Arbeitslosigkeit –, liegt die Lower East Side, das sozialgeschichtlich interessanteste Viertel der Stadt.

Immigrantenviertel

Seit dem Beginn der Masseneinwanderung Mitte des 19. Jhs. war die Lower East Side die Anlaufstation für diejenigen, die Europa aus politischen oder sozialen Gründen verlassen hatten und im Hafen von New York mit nicht viel mehr ankamen als mit ihren Träumen von Freiheit und ökonomischem Erfolg. Das waren zuerst die Iren, die nach 1845 vor der Hungersnot in ihrem Land flohen, dann die Deutschen – unter ihnen viele, die ihrer Heimat nach der gescheiterten Revolution von 1848 den Rücken kehrten –, und schließlich osteuropäische Juden, die sich ab 1881 Pogromen ausgesetzt sahen. Diese Massenzuwanderung veränderte New York nachhaltig: In den Jahren zwischen 1840 und 1898 wuchs die Bevölkerung von 400 000 auf 3,4 Mio.

Mit jeder neuen Immigrantenwelle veränderte die Lower East Side ihr Gesicht: Hier lag »Kleindeutschland«, eine ökonomisch erfolgreiche, politisch und kulturell aktive Gemeinde, die ihre eigenen Schulen, Zeitungen, Theater, Bier- und Turnhallen hatte und der Entwicklung der Arbeiter- und Gewerkschaftsbewegung in den USA nachhaltige Impulse gab.

3 Karte Seite 41

Kleindeutschland florierte etwa bis 1880; danach zog die deutsche Gemeinde nach Norden ins ehemalige Dorf Yorkville; die Lower East Side wandelte sich zum Schtetl und wurde damit zum Zentrum der Textilfertigung. Die Juden, die sich schon in ihrer Heimat auf Herstellung und Verkauf von Kleidung spezialisiert hatten, setzten diese Tradition hier fort.

Viel blieb nicht erhalten vom Schtetl, nur wenige Synagogen und einige kulinarische Einrichtungen erinnern noch an die jüdische Ära der Lower East Side. Da ist **Katz's** (205 E. Houston St.), das für seine Salami und Pastrami Sandwiches ebenso berühmt ist wie **Guss Pickle Products** (35 Essex St.) für seine Gewürzgurken. Auf geräucherte Fischspezialitäten hat sich **Russ & Daughters** (179 E. Houston St.) spezialisiert.

4
Karte Seite 41

Leben in den Tenements

Die Lebens- und Arbeitsbedingungen waren katastrophal, die Lower East Side war damals der größte und am dichtesten besiedelte Slum der Erde. Um die Menschenmassen unterzubringen, hatten Spekulanten Mietshäuser (Tenements) errichtet, in denen die Menschen zusammengepfercht in dunklen, feuchten Zimmern ohne sanitäre Einrichtungen hausten. New Yorks beste Familien, die an der exklusiven Fifth Avenue in ihren Palästen residierten, verdienten nicht schlecht an den Mieteinnahmen aus diesen Elendsquartieren.

Einen guten, wenn auch museal geschönten Eindruck dieser Wohnbedingungen vermittelt das **Lower East Side Tenement Museum** ㉙, das über einzelne Einwandererschicksale und über die Geschichte des Bezirks informiert (97 Orchard St.; Mo 11–17.30, Di–Fr 11–18, Sa, So 10.45–18 Uhr).

Weg 4

Durch Dörfer und Künstlerviertel

TriBeCa → *SoHo → *Greenwich Village → East Village → Madison Square Park

Dieser Weg führt durch Künstler-, Galerien-, Amüsier- und Wohnviertel, in denen man einkehren, Musik hören, essen und einfach dem bunten Treiben auf den Straßen zuschauen kann. Die typische New Yorker Gusseisen-Architektur ist hier mit besonders schönen Beispielen vertreten. Sehenswürdigkeiten im klassischen Sinn gibt es wenige, und die Tour kann man je nach Lust und Laune beliebig ausdehnen.

TriBeCa

TriBeCa, das »Triangle below Canal Street«, liegt zwischen Canal Street, West Street, West Broadway und Chambers Street; man erreicht es am besten mit der U-Bahn, Haltestelle »Franklin Street«.

Das Viertel wurde in den 1980er Jahren entdeckt: Die ehemaligen Lagerhallen und Handelskontore stellten damals eine preiswerte Alternative für die Künstler dar, die sich SoHo nicht mehr leisten konnten. Inzwischen ist aber auch TriBeCa teuer geworden; die geräumigen Lofts in den alten Gusseisenbauten zählen zu den begehrtesten Wohnadressen in Lower Manhattan. Besonders hübsch zum Bummeln sind White und Harrison Streets.

In TriBeCa liegen einige der besten und teuersten Restaurants der Stadt wie z. B. **Chanterelle** (2 Harrison St., Tel. 966-6960) mit französischer Cuisine, der Japaner **Nobu** (105 Hudson St., Tel. 219-0500) und der **Tribeca Grill** (375 Greenwich St., Tel. 941-3900) mit neuer amerikanischer Küche, der in Robert de Niros Tribeca Film Center untergebracht ist.

Altmodisch und preiswert ist **Walker's,** mit einer langen hölzernen Bar, gemütlichen Tischen, einfacher Küche und frisch gezapftem Bier (16 N. Moore/Varick Sts.).

Im SoHo Cast Iron District

*SoHo

Touristen lieben SoHo. Und tatsächlich: Ein besseres Shopping Center hätten selbst Profis des Disney-Imperiums nicht entwerfen können: Kleine Geschäfte mit großen Designernamen, dazwischen etwas Kunst, Restaurants und Cafés. Da muss man einfach bummeln und sich von Schaufenster zu

4 Karte Seite 58

Kunst auf der Flucht vor Kommerz

Greenwich Village, SoHo, East Village – immer läuft es nach demselben Muster ab: Junge Künstler entdecken ein verfallendes Viertel mit billigen Mieten, machen es attraktiv und leisten so die Vorarbeit für Immobilienhändler und Geschäftsleute. Sobald die kommen, steigen die Mieten, und die Künstler ziehen notgedrungen weiter, um an neuem Ort wieder den Boden zu schaffen, auf dem der Kommerz blühen kann. Diese Dynamik funktionierte, so lange es in Manhattan noch genügend »Schmuddelecken« gab. Die sind aber Mangelware geworden, seit New York seine fetten Jahre erlebte und an jeder Ecke poliert und saniert wurde. Ein Teil der Künstler wich nach Brooklyn und Queens aus. Die ernst zu nehmenden Galeristen, die aus SoHo flohen, sind heute in **Chelsea** anzutreffen, wo seit 1987 das **Dia Center for the Arts** (548 W. 22nd St.) zeitgenössischen Künstlern Ausstellungsmöglichkeiten bietet. Wie schnell die Kommerzialisierung eines Viertels heute vor sich geht, zeigt die Entwicklung des **Meatpacking District** um die 14th Street auf der Westseite Manhattans. Die Kreativen, die dort zwischen den Metzger-Großhandlungen eine letzte Bastion entdeckt hatten, konnten kaum den Pinsel heben, da war die Ecke schon als schick vermarktet und wurde von entsprechender Klientel überrannt.

Schaufenster treiben lassen. Zumal auch noch das Ambiente stimmt: Wunderschöne, alte Häuser säumen die Straßen, bunt und akzentuiert vom Zick-Zack der Feuerleitern. Und auch das Etikett stimmt und stimuliert: SoHo. Künstlerviertel. Mehr als dieses Etikett ist allerdings nicht geblieben. Von der Atmosphäre eines Wohn- oder gar Künstlerviertels ist im schicken SoHo nichts mehr zu spüren – der Kommerz hat eindeutig über die Kunst gesiegt.

Raum für Kunst

SoHos Aufstieg zum Mekka der Kreativen begann in den 60er Jahren des 20. Jhs. Damals stand das Viertel kurz vor dem Verfall. Die Waren- und Lagerhäuser standen leer, allenfalls Lum-

4
Karte Seite 58

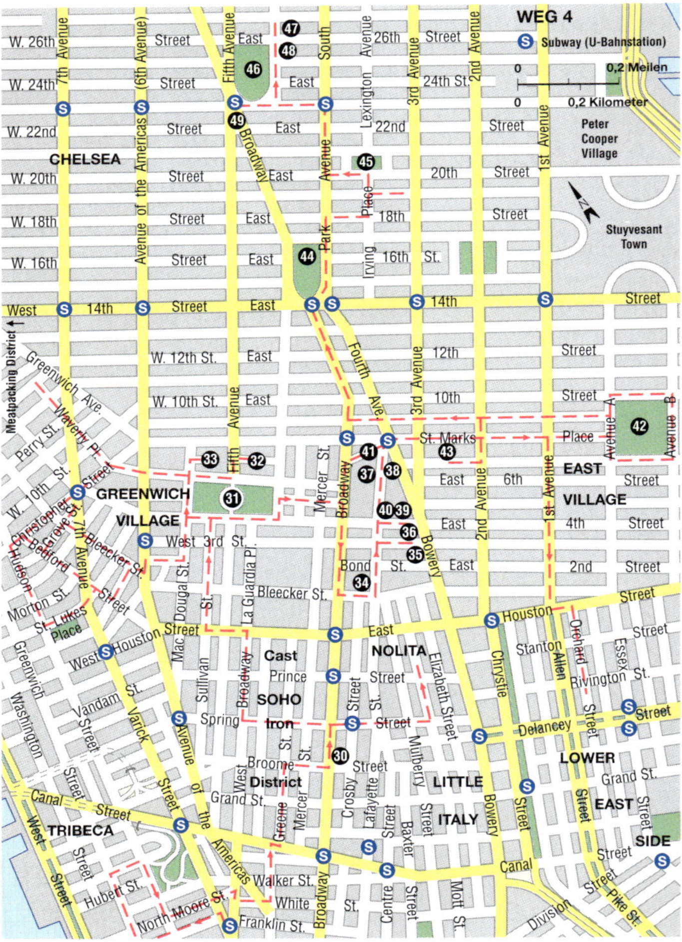

pen- und Altpapiersammler nutzten sie, bis Galeristen, Maler und Musiker entdeckten, dass die großen, hohen Hallen für ihre Zwecke ideal waren: Da ließen sich Ateliers und Proberäume einrichten, da war Platz für Ton- und Filmstudios, und die Mieten waren so niedrig wie in Chelsea und Greenwich Village, den klassischen New Yorker Künstlervierteln, lange nicht mehr.

1969 wurde in SoHo die erste Galerie eröffnet, ein Jahr später die zweite, und schon 1971 zogen vier große Uptown-Galeristen, die die Zeichen der Zeit erkannt hatten, in das Viertel. Restaurants folgten, Vergnügungslokale entdeckten eine Marktlücke, und bald schon kamen auch die Immobilienhändler – und damit waren die Zeiten, in denen man in SoHo billig wohnen konnte, vorbei. Die jungen, nicht arrivierten Künstler mussten weiterziehen (s. S. 57).

- ㉚ Haughwout Building
- ㉛ Washington Square Park
- ㉜ Washington Mews
- ㉝ Mac Dougal Alley
- ㉞ Bayard-Condict Building
- ㉟ Bond Street Savings Bank
- ㊱ Hauptquartier der New Yorker Feuerwehr
- ㊲ Colonnade Row
- ㊳ New York Shakespeare Festival Building
- ㊴ Old Merchant's House
- ㊵ De Vinne Press Building
- ㊶ Astor Place
- ㊷ Tompkins Square
- ㊸ McSorley's Old Ale House
- ㊹ Union Square
- ㊺ Gramercy Park
- ㊻ Madison Square Park
- ㊼ New York Life Insurance Building
- ㊽ Appellate Division of the New York State Supreme Court
- ㊾ Flatiron Building

Wer als Designer einen Namen hat, kommt an SoHo nicht vorbei. Hier sind alle vertreten, die Großen wie **Chanel** (139 Spring St.), **Helmut Lang** (80 Greene St.) und **Louis Vuitton** (116 Greene St.). Und die noch nicht ganz so Großen, bei denen es sich aber lohnt vorbeizuschauen: **Anna Sui** (113 Greene St.) und **Vivienne Tam** (99 Greene St.).

Tolles Design, sehr gute italienische Küche, nicht billig, aber eine echte SoHo-Erfahrung: **Fiamma Osteria,** 206 Spring St., Tel. 653-0100. Etwas preiswertere, aber ausgesprochen gute portugiesische Küche bietet **Pao!,** 322 Spring St., Tel. 334-5464. Wer nur auf die Schnelle eine Pizza essen will, geht am besten zu **Lombardi's,** 32 Spring St., Tel. 941-7994.

Fans von »Sex and the City« werden sich erinnern: Charlotte arbeitete mal in einer Galerie: Gedreht wurde in der **Louis K. Meisel Gallery,** 141 Prince St. Da die Galerie die Preise für die Filmrechte jedoch ständig erhöhte – erster Dreh 18 000 $, zweiter 28 000 $, Angebot für den dritten 37 000 $ – arbeitete sie nur sehr kurz dort ...

*SoHo Cast Iron District

Was die Architektur in SoHo betrifft, so darf man seinen Augen nicht trauen. Die sehen Ziegel, marmorne Säulen mit Kapitellen, Figuren, kunstvoll aus Stein geschlagen – und unterliegen damit einer perfekt inszenierten Täuschung. Denn das Material, aus dem SoHo gebaut ist, kam nicht aus der Ziegelei oder dem Steinbruch,

4
Karte Seite 58

sondern aus der Fabrik: Es ist Gusseisen *(Cast Iron)*.

Im 19. Jh. waren Gusseisenträger die einzig verfügbaren Elemente, mit denen man mehrgeschossige Bauten und große Hallen errichten konnte. Und das war genau das, was die expandierende Industrie New Yorks Mitte des 19. Jhs. brauchte: große, lichte Kontore, Lager- und Fabrikationshallen. Nachdem Säulen, Träger und Fassadenelemente ab den 1840er Jahren in Massenproduktion hergestellt wurden, konnte man schneller und billiger bauen; auch die Brandgefahr war geringer. Der Zeitgeschmack verbot es allerdings, zu zeigen, dass es sich hier um reine »Ingenieur-Bauten« handelte. Und so wurden die Säulen ornamentiert, die Fassadenplatten mit einem Anstrich versehen und insgesamt so gearbeitet, dass die reinen Zweckbauten wie klassizistische Paläste wirkten.

4 Karte Seite 58

Ein Großteil SoHos steht heute als Cast Iron District unter Ensembleschutz; eines der schönsten Gebäude aus dieser Zeit ist das aus dem Jahr 1857 stammende **Haughwout Building** ㉚ an der Ecke Broadway/Broome St.). Es ist nicht nur ein Gebäude, in dem deutlich wird, welche ästhetischen Möglichkeiten die neue Bauweise eröffnete – die unendliche Reihung vorgefertigter Elemente und die Feinheit der Ornamentierung des gegossenen Eisens –; es ist auch der erste Bau, in dem ein sicherer, damals noch dampfgetriebener Personenaufzug verkehrte.

Besonders schöne Straßenzüge mit gusseisernen Bauten sind **Greene** und **Broome Streets;** einen Blick wert ist auch das **Little Singer Building,** 1904 als Büro- und Lagerhaus der gleichnamigen Nähmaschinenfabrik erbaut (561 Broadway).

Abstecher nach Nolita

SoHos glatte, von Edel-Design beherrschte Konsumlandschaft bietet nicht mehr viel Raum für Kreativität. Anders ist das in Nolita (»North of Little Italy«), der Gegend zwischen Spring und Houston Streets, die sich in den letzten Jahren zur Alternative von SoHo entwickelt hat.

Entlang **Mulberry, Mott und Elizabeth Streets** spielt sich das ab, wofür SoHo mal bekannt war: Hier, in den schmalen Häusern, wo die Mieten noch bezahlbar sind, leben die jungen Kreativen. Designer, die noch nicht mit dem Strom schwimmen und ausgefallene Ideen realisieren, betreiben kleine Boutiquen; man findet Secondhand-Geschäfte, Schmuck und Schuhe.

Nette Lokale sind das auf Reisgerichte spezialisierte **Rice** (227 Mott St.; s. auch S. 25) oder das **Cafe Habana** (17 Prince St., Tel. 625-2001) mit Spezialitäten aus der Karibik.

6 *Greenwich Village

Wenn man von SoHo aus die Sullivan Street in Richtung Norden spaziert, gelangt man direkt ins Zentrum von Greenwich Village, zum Washington Square Park.

Washington Square Park ㉛ und Umgebung

An schönen Tagen und lauen Sommerabenden scheint es, als sei das ganze bunte Treiben des Village hier konzentriert: Da wird gesungen und getanzt, Rollschuh- und Skateboardfahrer ziehen ihre Runden, esoterische Heilsbringer sind unterwegs, im Dog Run toben die Hunde.

An schönen Sommertagen trifft man sich im Washington Square Park

4
Karte Seite 58

Viele der Gebäude im Umfeld des Washington Square Parks gehören der New York University – für die Studenten ist der Park so etwas wie ihr Campus. Auf diese Zielgruppe ist auch das Angebot zugeschnitten: In den Straßen südlich des Platzes findet man Cafés, Musikkneipen und jede Menge preiswerte Restaurants.

Washington Square galt Anfang des 19. Jhs. als vornehme Adresse. An der Nordseite des Platzes, wo die Fifth Avenue in den Platz mündet, blieben die eleganten Bauten erhalten – noch heute beste Wohnlage. Interessant ist der Blick in die **Washington Mews** ㉜, eine kleine, hinter den Wohnhäusern verlaufende Kopfsteinpflasterstraße, an der früher die Stallungen der Reichen lagen. Ihr Gegenstück, zu erreichen von der Washington Square West Street aus, ist die **Mac Dougal Alley** ㉝. Auch hier wurden ehemalige Ställe in hübsche Wohnhäuser verwandelt.

Der 26 m hohe **Triumphbogen,** der den Platz beherrscht, war ursprünglich nur als vorübergehende Zierde gedacht: Er wurde 1889 für die Hundertjahrfeier der Ernennung George Washingtons zum ersten US-Präsidenten erbaut und war aus Holz. Nach der Feier aber wollte sich keiner mehr von ihm trennen; und Stanford White erhielt 1892 den Auftrag, den Bogen aus weißem Marmor zu schaffen.

Im **Bitter End** (147 Bleeker St.), wo schon Bob Dylan und Joan Baez aufgetreten sind, hört man noch immer gute Rock- und Folksänger.

Wohnlicher Westen

Die Gegend um Washington Square – vor allem Mac Dougal und Bleecker Street – ist heute reichlich kommerzialisiert. Idyllischer geht es jenseits der Sixth Avenue zu. Wenn man hier durch Waverley Place, Grove Street, Bedford Street, St. Luke's Place spaziert – um nur einige der hübschen Straßen zu nennen –, lernt man den dörflichen Charakter dieses Viertels kennen. Man fühlt sich fast nach Europa versetzt: niedrige Häuser – fast alle aus dem 19. Jh. –, Ziegel, hübsche Portale, begrünte Vorgärten, Bäume. Im Gegensatz zu SoHo, wo die Straßen im Schachbrettmuster angelegt sind, dürfen die kleinen Gassen in diesem Teil des Village machen, was sie wollen: sich kreuzen, schneiden, krümmen. Das verdanken sie New Yorkern, die im 18. Jh. südlich der Wall Street lebten und sich Greenwich, wie das Dorf damals hieß, zur Sommerfrische auserkoren. Sie hatten schon längst gebaut und die Straßen angelegt, als 1811 der Plan erstellt wurde, nach dem Manhattan bis zur 155th Street hinauf mit einem rechtwinkligen Straßennetz überzogen werden sollte.

Rock'n'Roll- und R&B-Liebhaber finden alles, was sie schon immer gesucht haben und was längst vergriffen ist, im **House of Oldies** (35 Carmine St., zwischen Bedford und Bleecker Sts.). Wenn doch noch Wünsche offen sind, kann man in **Bleecker St. Records** stöbern (239 Bleecker St.). Auch hier ist die Auswahl überwältigend.

4 Karte Seite 58

Wer schon immer versucht war, sich mit dem Löffel dem Bildschirm zu nähern, um einen Bissen von den köstlichen kleinen Kuchen zu naschen, die die Mädels in »Sex and the City« genießen – hier werden die *SATC cupcakes* verkauft: **Magnolia Bakery,** 401 Bleecker/W. 11th Sts.

Die **White Horse Tavern** gehört zu den Klassikern unter New Yorks Bars. Hier tranken Mitte des 20. Jhs. Literaten wie Norman Mailer und Dylan Thomas. Letzterer trank zu viel und starb nach einem Besuch der White Horse Tavern (567 Hudson St.).

Vom West ins East Village

Nach dem Bummel durch das westliche Village kehrt man zum Washington Square zurück und macht sich von dort an die Erforschung des East Village. Wer sich für Geschäfte, Restaurants und buntes studentisches Treiben interessiert, wählt den Weg über

Keine geistige Enge im Dorf

Zu Beginn des 20. Jhs. war **Greenwich Village** der Ort, an dem die künstlerische Avantgarde lebte, und wo sich die kritischen Geister trafen. Die Redaktion der »Masses«, einer radikalen Zeitschrift, zu deren Mitarbeitern Maxim Gorki, Bertrand Russell und John Reed zählten, hatte hier ihr Büro. 1914 eröffnete Gertrude Whitney Vanderbilt eine Galerie und bot zeitgenössischen, damals noch höchst umstrittenen Künstlern Ausstellungsmöglichkeiten. 1916 ließen sich die Provincetown Players mit ihrem Theater an der Mac Dougal Street nieder und gelangten bald zu Ruhm – Eugene O'Neill wurde mit ihnen bekannt. Auch nach dem Zweiten Weltkrieg setzte das Viertel seine Tradition als Amerikas »Wiege der Bohème« fort. In den 50er Jahren machten die Beatniks von sich und dem Village reden; später waren es die Hippies und die Gegner des Vietnamkrieges, die sich hier konzentrierten. Als die Homosexuellen ihre Rechte forderten, wurde die Christopher Street, jenseits der Sixth Avenue gelegen, zum Inbegriff des Gay Movement.

Begegnung im West Village

Straßenmusiker im East Village

den Washington Place zum Broadway. Dort, etwa zwischen Bleecker und 14th Streets, findet man alles, was das Herz des Konsumenten höher schlagen lässt: verrückte Spielzeug- und Souvenirläden sowie Boutiquen mit extravaganten Accessoires.

Tower Records (692 Broadway) bietet auf 3 Stockwerken eine Riesenauswahl an CDs; gleich daneben hat sich **Other Music** (15 E. 4th St.) auf musikalische Raritäten spezialisiert. Und schließlich ist da noch einer der besten Buchläden New Yorks: **Strand's** (828 Broadway), ein modernes Antiquariat mit 2,5 Mio. Bänden. Im **Forbidden Planet** (840 Broadway) findet man die größte Auswahl an Comics, die New York zu bieten hat, dazu Spielzeug aus dem Science Fiction Bereich.

Architektonisch Interessantes

Architektonisch und geschichtlich Interessierte gehen über die Bleecker Street zur Lafayette Street; dort steht das **Bayard-Condict Building** ㉞ (65 Bleecker St.). Dieses Haus (1897–99) ist das einzige Werk von Louis H. Sullivan in New York. Sullivan arbeitete vor allem in Chicago. Er war der Hauptvertreter der Chicagoer Schule, deren Mitglieder sich durch den Bau der ersten Hochhäuser profilierten, und Lehrmeister von Frank Lloyd Wright.

Einen kleinen Umweg lohnen die ehemalige **Bond Street Savings Bank** ㉟ (Ecke Bond St./Bowery) – ein schönes Beispiel der Cast-Iron-Architektur von 1874 –, und das ehemalige **Hauptquartier der New Yorker Feuerwehr** ㊱ (44 Great Jones St.), das 1898 im Beaux-Arts-Stil erbaut wurde.

Seit über 25 Jahren eine Institution in der New Yorker Musikszene: **CBGB** (315 Bowery). Lange Bar, Neon und lautester Punk-Rock.

Einst Wohnort der Reichen

An der Great Jones Street endete einst **Lafayette Place,** der Vorläufer der heutigen Lafayette Street, die sich Anfang des 19. Jhs. ganz anders als heute präsentierte: als elegante Sackgasse, in der die Reichsten und Vornehmsten der Stadt residierten, z. B. John Jacob Astor und Cornelius Vanderbilt. Sie lebten in **Colonnade Row** ㊲, einem geschlossenen Ensemble, das aus neun Herrenhäusern bestand und seinen Namen den eindrucksvollen Säulen verdankte, die die Front zierten. Vier der 1833 erbauten Gebäude kann man an der Westseite der Lafayette Street bewundern.

4 Karte Seite 58

In der Colonnade Row sind einige Restaurants untergebracht. Empfehlenswert ist das **Indochine,** das gute französisch-vietnamesische Küche bietet (430 Lafayette St., Tel. 505-5111).

Östlich der Lafayette Street

Auf der anderen Straßenseite ist das **New York Shakespeare Festival Building** ㊳ (1849) zu sehen. Ebenfalls aus der ersten Hälfte des 19. Jhs. stammen zwei interessante Gebäude in einer Seitenstraße der Lafayette Street, der 4th Street: das **Old Merchant's House** ㊴ (Nr. 29) und das **Samuel Tredwell Skidmore House** (Nr. 37). Das Gebäude direkt an der Ecke Lafayette/4th Streets, das 1885 errichtete **De Vinne Press Building** ㊵, stammt aus einer Zeit, als sich die Bedeutung dieses Viertels gänzlich gewandelt hatte: Die Reichen waren schon lange weiter in die Fifth Avenue gezogen, und die Gegend um die Lafayette Street war zum Zentrum der Druckindustrie geworden.

Astor Place ㊶ mit dem hübschen Kiosk am Eingang zur U-Bahn (einer Nachbildung des Originals aus Gusseisen) stellt den Übergang zum East Village dar.

4
Karte Seite 58

East Village

Jenseits von Bowery und Third Avenue liegt das East Village, das geografisch und historisch Teil der Lower East Side (s. S. 55) ist. Deutsche Namen an den Häusern zeugen noch heute davon, dass hier im 19. Jh. »Klein Deutschland« lag. Anfang der 1870er Jahre stand es in vollster Blüte. Der **Tompkins Square** ㊷ war das Zentrum von 400 Häuserblocks, sechs Avenues und 40 Straßen. Die Avenue B, die kommerzielle Schlagader, erhielt den Beinamen »Deutscher Broadway«.

Eine bewegte Geschichte

In der Gegend um den Tompkins Square lief dieselbe Entwicklung ab wie in der südlichen Lower East Side:

Vom Tellerwäscher zum Millionär

Die Astors gehörten zu den reichsten Familien New Yorks, und so ist es kein Wunder, dass ihr Name immer wieder in der Geschichte der Stadt auftaucht. Den Grundstock zu dem riesigen Vermögen legte John Jacob Astor, ein Deutscher aus Walldorf (bei Heidelberg), der 1783 mit 20 Jahren in die USA einwanderte. Seine Karriere gehört zu jenen Geschichten, die man sich in Amerika so gerne erzählt als Beweis dafür, dass der Weg vom Tellerwäscher zum Millionär weniger weit ist, als manch einer der New Yorker Obdachlosen vermutet. Astor war allerdings nicht Spüler; er fand einen Job in einem Pelzladen und arbeitete sich dort so schnell empor, dass er schon nach drei Jahren sein eigenes Geschäft eröffnen konnte, aus dem ein weltumfassendes Handelsimperium wurde. Um 1800 verfügte er bereits über 250 000 $, die er im Asienhandel und auf dem New Yorker Immobilienmarkt zu vermehren wusste. Seinen Pelzhandel betrieb er über Außenposten auf dem ganzen Kontinent. Als er 1848 starb, hinterließ er 20 Mio. $ und war der reichste Mann Amerikas!

Nachdem die deutsche Gemeinde ausgezogen war, lebten hier die verschiedensten Nationalitäten: Juden, Osteuropäer, Ukrainer und schließlich sehr viele Hispanics, die vor allem dem östlichen Teil des East Village ihren eigenen Stempel aufgedrückt haben.

Nach einer kulturelle Blüte in den 1950er und 60er Jahren, in denen viele Künstler und politisch Aktive hier billigeren Wohnraum als beispielsweise in Greenwich Village fanden, kam das East Village in den 1970er Jahren immer mehr herunter. Damals traute sich kein anständiger Mensch mehr über die First Avenue hinaus; sie stellte eine Art Demarkationslinie dar. Dahinter, in den ABC Avenues und rund um den Tompkins Square, lag das »Goldene Dreieck« der Drogenhändler.

Eine wunderbare Show – beliebt unter New York Besuchern v. a. auch deshalb, weil man sie genießen kann, ohne des Englischen mächtig zu sein: **Stomp** im Orpheum Theater. Rhythmen und Musik werden nicht mit Instrumenten, sondern mit Alltagsgegenständen erzeugt. Die Choreographie ist grandios. Holen Sie sich gleich beim Vorbeigehen eine Karte für die Abendvorstellung! Übrigens ist es nicht unbedingt empfehlenswert, in den ersten Reihen zu sitzen ... (126 2nd Ave. zwischen 7th St. und St. Marks Place, Tel. 477-2477).

Von der Drogenhochburg zum Amüsierviertel

Dass sich das Bild gründlich gewandelt hat, dass man hier bummeln, in Geschäften stöbern und in Cafés Sojasprossensalat oder anderes Nahrhaft-Gesunde genießen kann, liegt nicht nur daran, dass die Polizei die Drogenhochburg schon vor Jahren gestürmt

Eine gemütliche Bar im East Village

hat. Seine wirkliche Veränderung erfuhr das East Village erst durch die Künstler, durch junge Leute, denen die Räume zum Ausstellen, Proben, Musik machen etc. in SoHo zu teuer waren.

Anfang der 1980er Jahre wagten sich die ersten Kreativen in die verrufene Gegend; ein paar Jahre lang wurde das East Village als erste Adresse für zeitgenössische Kunst gehandelt. Dann aber setzte die Entwicklung ein, die in den 1990er Jahren ihren traurigen Höhepunkt erreichte: Das ehemals ethnisch bunt gemischte, lebendige Viertel fiel in die Klauen des Kommerzes.

Durch **St. Marks Place,** Hauptstraße des Viertels, ziehen vor allem an den Wochenenden Scharen von Touristen und College-Studenten; immer mehr Besserverdiener übernehmen die Wohnungen in den hübschen Seitenstraßen und zahlen Mieten, die sich die alteingesessenen Bewohner nicht mehr leisten können.

Kneipen, Clubs, Performance-Räume – das Amüsierviertel East Village bietet jedem etwas. Eine der traditionellen Kneipen ist **McSorley's Old Ale House** ㊸, eine gemütliche alte Bar von 1854 (15 7th St., s. S. 34). Wer Sehnsucht nach der Heimat hat, geht **Zum Schneider** (107 Ave. C).

4 Karte Seite 58

Abstecher zur Orchard Street

Von St. Marks Place aus lohnt es sich, über die 1st Ave. nach Süden zu gehen. Dort, zwischen East Houston und Delancey, Allen und Clinton Streets liegt ein Viertel, das gerade im Trend ist und in dem immer neue Restaurants, Bars und Boutiquen aus dem Boden schießen.

In der Orchard Street findet man eine ganze Reihe von Billigläden (Kleidung, Lederwaren), von denen noch einige in jüdischer Hand sind (Fr Nachmittag und Sa geschl.). Witzig und total ausgefallen ist **ZAO** (175 Orchard/Stanton Sts.): eine Mischung aus Geschäft und Galerie, in der Straßenkünstler und junge Designer ihre Produkte zeigen. Ausgefallene Handtaschen und andere Lederprodukte bietet **Jutta Neumann,** 158 Allen St.

4 Karte Seite 58

Nette Restaurants sind **Suba** mit spanischer Küche (109 Ludlow St.) und in der Clinton Street: **71 Clinton Fresh Food** und **Clinton Street Baking Co.**

Unter den Bars lohnen hier **Lansky Lounge & Grill** (104 Norfolk St.), **Punch & Judy** (26 Clinton St.) und **Whiskey Ward** (121 Essex St.) einen Besuch.

Union Square 44

Über 9th Street und Broadway erreicht man einen großen Platz mit kleinem Park. Dieser war Privatbesitz, als Union Square noch eine feine Adresse war: Zugang hatten nur die Bewohner der umliegenden Häuser. Nachdem der Platz zum Wohnzimmer für Obdachlose geworden war, durchlief er

Gut gelaunt und perfekt gestylt für eine lange New Yorker Nacht

eine Renovierungsphase, die ihn wieder zu einem Zentrum urbanen Lebens gemacht hat. Kinder finden hier Platz zum Spielen; ein Café im Freien ist zum beliebten Treffpunkt geworden; ein Pavillon aus den 1930er Jahren erstrahlt in neuem Glanz.

Am Mo, Mi, Fr und Sa kommen die Farmer aus dem Umland und bieten auf dem **Greenmarket** ihre Produkte an. Im Century Building von 1881 befindet sich ein Buchladen von **Barnes & Noble.**

In die umliegenden Häuser zogen neben Geschäften auch ausgezeichnete Restaurants, z. B. **The City Bakery,** das **Coffee Shop** und das **Union Square Café.**

Gramercy Park 45

An der nordöstlichen Ecke des Union Square beginnt die Park Avenue; man folgt ihr nur ein kurzes Stück, biegt rechts in die 18th Street ein und dann gleich wieder links in Irving Place. Der

Häuserblock zwischen Irving Place, Third Avenue, 18th Street und Gramercy Park South wird »Block Beautiful« genannt. Seine Architekten lehnten sich stark an Vorbilder in Paris und London an. Dies gilt auch für den Gramercy Park. Der zwischen 20th und 21st Street gelegene Park erinnert an einen Londoner Square, und die hübschen Backsteinhäuser aus dem 19. Jh., die ihn umrahmen, könnten genauso gut in England oder Norddeutschland stehen.

Am Madison Square Park ㊻

Einige Straßen weiter nördlich liegt der Park, an dem einst die berühmten Madison Square Gardens standen. Es gab deren zwei: Der erste war ein aufgelassenes Eisenbahndepot, das der Zirkusunternehmer P. T. Barnum im Jahr 1871 kaufte, um es als Hippodrom zu nutzen. Der zweite Bau wurde 1890 von dem berühmten Architekten Stanford White entworfen und war ein wahrer Palast mit Theater, Konzerthalle, einem Dachgarten, Restaurant und Café sowie einem Turm – damals der zweithöchste der Stadt. Hier fanden Ausstellungen und sportliche Wettkämpfe statt. 1925 wurde das Gebäude abgerissen; der Madison Square Garden zog nach Norden (s. S. 69).

Heute steht an dieser Stelle das **New York Life Insurance Building ㊼**, ein Werk von Cass Gilbert (s. S. 51). Der Bau, ein Stilgemisch, entstand in den Jahren 1926–28. Besonders sehenswert ist die Lobby. Die Schauseite des Parks ist die Ostseite; an ihr thront ein Bau, der aussieht wie ein griechischer Tempel: die **Appellate Division of the New York State Supreme Court ㊽** (1896–1900). Die Statuen, die das Gebäude schmücken, wie etwa Justitia, weisen auf seine Funktion hin.

Die Appellate Division of the New York State Supreme Court

Der erste Wolkenkratzer Manhattans

Etwas weiter südlich erhebt sich ein Turm, der vor allem bei nächtlicher Beleuchtung zur Wirkung kommt. Er ist dem Campanile auf dem Markusplatz in Venedig nachempfunden. Als er 1909 errichtet wurde, stahl er – zumindest was seine Höhe betraf – einem anderen Gebäude die Schau, das bislang für Aufsehen gesorgt hatte: dem **Flatiron Building ㊾**.

Flatiron heißt »Bügeleisen«, und an ein solches fühlt man sich wirklich erinnert, wenn man den dreieckigen Bau an der Kreuzung Fifth Avenue/Broadway südlich des Madison Square Park betrachtet. Was den Bau 1902 zum Tagesgespräch in New York machte, war allerdings nicht seine Form. Die Höhe war außergewöhnlich: 76 m! So ein Gebäude, davon war man überzeugt, werde bereits beim ersten Sturm umfallen. Dank der damals neuen Stahlskelett-Bauweise steht es jedoch heute noch.

4 Karte Seite 58

Weg 5

Konzentriert und fassettenreich

****Empire State Building**
→ *Rockefeller Center
→ **Museum of Modern Art

In Midtown liegt das Geschäfts- und Vergnügungszentrum der Stadt, befinden sich der Garment District und der Broadway. Am Wochenende sind hier ganze Straßenzüge wie ausgestorben. Immer etwas geboten ist dagegen im Rockefeller Center, einer Stadt in der Stadt, die eigentlich völlig autark existieren könnte. Wenn man alles sehen will, muss man für diesen Weg zwei Tage einplanen.

5
Karte Seite 71

7 **Empire State Building 50

Der Weg beginnt in dem berühmten Gebäude Ecke Fifth Ave./34th St., in dessen Souvenirshop im 86. Stock man einen Riesenaffen kaufen kann: King Kong, auf der Spitze des Empire State Building thronend. Der Film »King Kong und die weiße Frau« wurde 1933 gedreht, und der letzte Auftritt der Horrorfigur vermittelte damals Hightech pur: Das Empire State Building war gerade erst zwei Jahre alt und galt als achtes Weltwunder. Mit seinen 381 m ist es seit der Zerstörung des World Trade Center wieder der höchste Wolkenkratzer der Stadt.

Wunderbar war nicht zuletzt die Geschwindigkeit, mit der es emporgezogen wurde: Nur neun Monate dauerte es bis zur Fertigstellung. 60 000 t Stahl wurden verarbeitet, 6500 Fenster eingepasst, 5600 km Telefonkabel und 96 km Wasserleitungen verlegt. 73 Aufzüge bewegen sich durch Schächte von 11 km Länge. Die Geschäftsfläche von 610 000 m² erwies sich anfangs als unvermietbar: Amerika steckte in den 1930er Jahren in einer wirtschaftlichen Depression.

Szene aus dem Film »King Kong und die weiße Frau«

Die Lobby ist großartig: drei Stockwerke hoch, marmorverkleidet und reliefverziert. Man hat ausreichend Zeit, in der Art-déco-Halle zu staunen, denn die Warteschlangen vor dem Lift, der zu den Aussichtsterrassen führt, sind sehr lang. Für seine Geduld wird man jedoch reich belohnt: Der Blick vom 86. Stock auf die Stadt ist faszinierend. Dass man ihn hinter Gittern genießt, darf nicht stören: Sie wurden angebracht, weil Selbstmörder den Turm allzu attraktiv fanden. Manhattan bei Nacht zu erleben oder bei Anbruch der Dunkelheit, wenn die ersten Lichter angehen, ist besonders reizvoll (tgl. 8 Uhr bis Mitternacht, das letzte Ticket wird um 23.15 Uhr verkauft; 14 $, günstiger mit City Pass, s. S. 100; www.esbny.com).

Im **NYSkyride** im Empire State Building kann man eine filmische Reise durch New York machen und die Stadt aus ungewöhnlichen Perspektiven erleben.

Garment District

Folgt man der 34th Street nach Westen, erreicht man ein Viertel, das etwa von der 30th bis zur 40th Street und der Sixth bis zur Eighth Avenue reicht. Hier ließ sich zu Beginn des 20. Jhs. die Bekleidungsindustrie nieder, die bis dahin in der Lower East Side (s. S. 55) ansässig war. An den Wochentagen geht es in den Straßen um die Seventh Avenue, die hier »Fashion Avenue« genannt wird, hektisch und geschäftig zu: Lastwagen verstopfen die Straßen; so genannte *push boys* schieben Kleiderständer mit wehenden Blusen, Mänteln und Röcken über die Gehsteige.

Ausschließlich der Welt der Comics – nicht nur in Buch- oder Heftchenform, sondern mit allem, was an Videos, T-Shirts, Figuren etc. dazugehört – widmet sich **Midtown Comics** (200 W. 40th St. Ecke 7th Ave.).

Moderner Bahnhof, altes Postamt

Im südlichen Teil des Garment District liegt die **Pennsylvania Station** (51), hässlich und wenig einladend wie alle modernen Bahnhöfe. Auf dem flachen Dach des Gebäudes thront der 1968 errichtete **Madison Square Garden** (s. S. 67), weltbekannt als Arena für sportliche und musikalische Großveranstaltungen.

Vordach der Penn Station: ab und zu Bühne für witzige Aktionen

Von architektonischem Interesse in diesem Geviert ist allein das **General Post Office** (52), das gegenüber der Penn Station liegt. Das neoklassizistische Gebäude wurde Anfang des 20. Jhs. vom Architektentrio McKim, Mead and White errichtet und befindet sich gerade im Umbau. Hier entsteht die neue Bahnhofshalle für die Hochgeschwindigkeitszüge, die zwischen Washington D.C. und Boston verkehren werden.

Abriss mit Folgen

Wenn man sich die Liste der Epoche machenden Bauten ansieht, die im 20. Jh. zerstört und durch Zweitklassiges ersetzt wurden, möchte man am liebsten weinen. Danach war den New Yorkern auch zumute, als die Pennsylvania Railroad Company ihren Bahnhof abriss – ein Werk der Architekten McKim, Mead and White, das man schon deshalb unter Denkmalschutz hätte stellen müssen, weil es mit dem General Post Office ein einzigartiges Ensemble bildete. Denkmalschutz aber gab es damals in New York noch nicht, er wurde als »Landmark Preservation Act« erst 1965 eingeführt, und zwar aufgrund der Protestwellen, die eben jener Abriss der alten Pennsylvania Station hervorgerufen hatte.

5 Karte Seite 70

Weg 5

- 50 Empire State Building
- 51 Pennsylvania Station
- 52 General Post Office
- 53 Jacob K. Javits Convention Center
- 54 Macy's
- 55 Times Square
- 56 Marriott Marquis
- 57 Diamond Row
- 58 St. Patricks Cathedral
- 59 Lower Plaza
- 60 General Electric Building
- 61 Radio City Music Hall
- 62 American Folk Art Museum
- 63 MoMa

Weg 6

- 64 Tudor City
- 65 Secretariat Building
- 66 Conference Building
- 67 General Assembly Building
- 68 Dag Hammarskjöld Library

69 Ford Foundation
70 Daily News Building
71 Chrysler Building
72 Grand Hyatt Hotel
73 Chanin Building
74 Haus Nr. 110 East 42nd Street
75 Whitney Gallery
76 New York Public Library
77 Grand Central Terminal
78 MetLife Building
79 Waldorf-Astoria Hotel
80 Seagram Building
81 Lever House
82 Citicorp Center
83 Sony Building
84 IBM Building
85 Trump Tower
86 Plaza Hotel
87 750 Lexington Avenue
88 Bloomingdale's
89 Roosevelt Island Tramway

J. K. Javits Convention Center 53

Richtung Westen wird die Gegend wenig einladend. Freunde moderner Architektur sollten sich trotzdem zum Convention Center begeben. Der Glaspalast wurde 1986 seiner Bestimmung als Kongress-, Messe- und Tagungszentrum übergeben. Für den Bau zeichnen I. M. Pei & Partners verantwortlich. Besonders eindrucksvoll ist die 50 m hohe Eingangshalle, die Crystal Palace Lobby.

Konsumtempel: Macy's 54

An der Kreuzung Broadway und Sixth Avenue landet man wieder in der Welt des Konsums. Hier, am Herald Square, steht das größte Kaufhaus der Welt. Es hat sich in den letzten Jahren immer mehr zum Konkurrenten von »Bloomingdale's« (s. S. 83) entwickelt. Allein die Schaufensterdekoration lohnt den Besuch; man sollte auch durch das Erdgeschoss bummeln, um einen Eindruck von der Riesenauswahl und der geschmackvollen Präsentation zu erhalten.

5 Karte Seite 70

8 Broadway

Von Herald Square folgt man dem Broadway nordwärts und erreicht an der 40th Street *den* Broadway, jenes kurze Stück des insgesamt 33 km langen Boulevards, das seinen Weltruhm begründete. Denn wenn man heute »Broadway« sagt, so meint man Theater, Show, Musical, Unterhaltung; man denkt an die glitzernde Welt des »Great White Way« – so nannte man den Broadway, als das elektrische Licht Einzug hielt – etwa zwischen 40th und 53rd Street.

Begründet wurde der Ruhm des Broadway im letzten Jahrzehnt des 19. Jhs. Seine glanzvollste Zeit erlebte er in den 1920er und 30er Jahren. Über 80 Theater zählte man damals am Broadway und in seinen Seitenstraßen, wobei die **42nd Street** die erste Adresse war. Sie war so sehr ein Synonym für Theater und Erfolg, dass Theaterbesitzer, deren Häuser eigentlich an der 41st oder 43rd Street lagen, Gänge durch den ganzen Block bohrten – einzig und allein deshalb, um im Reigen mit den Großen mit der Adresse »Forty Second« in bunter Leuchtschrift prahlen zu können.

Die berühmten Musicalproduktionen kommen heute aus London. Da Sänger und Tänzer in New York meist erstklassig sind, sollte man zumindest den Besuch eines **Musicals** einplanen. Große, erfolgreiche Produktionen laufen oft jahrelang mit wechselnder Besetzung. Zu diesen Flaggschiffen des Broadway zählen »The Lion King«, »Beauty and the Beast« oder »The Phantom of the Opera«.

Times Square 55

Ebenso erging es dem angrenzenden Times Square. Nur der Name deutet noch darauf hin, wie nobel dieser Platz einmal war: Er ist nach der berühmten Zeitung »New York Times« benannt, die 1904 hier ihr Verlagsgebäude bezog. Der lang gestreckte Square an der Kreuzung Broadway/Seventh Avenue war früher das Zentrum des brodelnden Theaterviertels, ein Platz mit Dynamik und großartiger Atmosphäre, die selbst dann noch spürbar war, als die Gegend schon heruntergekommen und von zwielichtigen Gestalten bevölkert war. Damit ist es nun endgültig vorbei: Disney & Co. sind eingezogen und haben den Times Square in einen gesichtslosen Allerweltsplatz verwandelt. Nur am Abend, wenn die Leuchtreklamen strahlen, ist er wirklich sehenswert.

Das nächtliche Lichtermeer macht den Times Square sehenswert

Um den Anblick von oben zu genießen, muss man nur einen der gläsernen Lifte des **Marriott Marquis Hotel** ㊺ besteigen und in das Drehrestaurant »The View« hinauffahren – ganz Manhattan liegt einem zu Füßen.

*Diamond Row ㊼

Weiter geht's zur 47th Street, in die man rechts einbiegt. Sie wird jenseits der Sixth Avenue zur Diamond Row – so genannt, weil hier, in einem nur 250 m langen Straßenabschnitt, 80 % des Diamantengroßhandels der USA abgewickelt werden. Die Geschäfte werden in den Läden gemacht, in deren Auslagen Millionenwerte glitzern, oder ganz einfach auf der Straße: Die Anbieter tragen ihre Ware in der Tasche in einem weichen Stück Papier, das auf traditionelle Weise gefaltet ist. Verträge gibt es keine, ein Handschlag genügt. An der Tracht der Menschen, die hier verkehren, an Bärten, Kippas und Schabbeslocken kann man erkennen: Der Diamantenhandel ist die Domäne der Juden.

Nach einem Bummel durch die 47th Street biegt man links in die Hauptgeschäftsstraße der Stadt: die Fifth Avenue (s. S. 81 f.).

Kirche am Times Square

Man muss nicht bis nach Harlem fahren, um **Gospelmusik** zu hören und die ekstatische Stimmung eines Gottesdienstes kennen zu lernen. Direkt am Times Square ist in einem ehemaligen Theater eine Kirche untergebracht: **Times Square Church** (237 W. 51th St.). Gottesdienste So um 10, 15 und 18 Uhr, Di, Do, Fr um 19 Uhr.

*Rockefeller Center

Kurz vor der neugotischen, 1858 bis 1874 erbauten **St. Patrick's Cathedral** ㊽ öffnet sich links zwischen 49th und der 50th Streets eine schmale, lange und leicht abschüssige, Fußgängern vorbehaltene Straße. Wasserbecken mit reitenden Nymphen und Faunen,

5
Karte Seite 71

Büsche und Blumen zieren sie. Ihr Name: **Promenade.** Ihre Funktion: festliches Entree, Einstimmung in die Welt des Rockefeller Center. Die riesige Anlage ist eine Stadt in der Stadt, die sich von der Fifth bis über die Sixth Avenue hinaus und von der 48th bis nördlich der 51st Street erstreckt. Hier findet man alles: Büros, Restaurants und Geschäfte, Theater und Kinos, Parks, Wasserfälle und Bäume. Man wollte Raum in all seinen Dimensionen gestalten. In der Tiefe – die Versorgung wird über ein unterirdisches Straßennetz geregelt; in der Höhe – die Gebäude verjüngen sich nach oben, um Licht hereinzulassen; und letztlich auch in der Horizontalen – freie Plätze wurden gestaltet, breite Straßen und enge Durchgänge.

Herzstück der Anlage ist die **Sunken** oder **Lower Plaza** (59), die man über die Promenade erreicht. Hier kann man im Sommer unter Schirmen einen Kaffee trinken; im Winter drehen die Eisläufer ihre Pirouetten. Bunte Fahnen wehen, vor dem Wasserfall schwebt ein goldener »Prometheus«. Dieses Werk von Paul Manship ist das bekannteste, aber nicht das einzige Kunstwerk im Rockefeller Center: 30 Künstler schufen hier mehr als 100 Bilder und Plastiken.

So ist beispielsweise vor dem **International Building** an der Fifth Avenue der »Atlas« von Lee Lawrie zu bewundern; eine Figur vom selben Künstler, die »Weisheit«, thront über dem Eingangstor des **General Electric Building** (60) (früher RCA Building).

Geschichte des Rockefeller Center

Die Anlage wurde von einem einzigen Mann finanziert, von John D. Rockefeller jun. Dass die Rockefellers in Geld schwimmen, ist eine bekannte Tatsache. Es mag aber doch verwundern, dass John D. die rund 120 Mio. Dollar für den Bau in einer Zeit aufbrachte, zu der Amerika in der tiefsten Depression seiner Geschichte steckte: Die ersten 14 Gebäude entstanden in den Jahren 1931–40. Tausende von Menschen, die sonst arbeitslos gewesen wären, fanden hier Beschäftigung.

Das **Top of the Rock,** die Besucherplattform im 69. Stock des Rockefeller Center, bietet einen phantastischen Rundumblick auf die Stadt (W. 5th St. zwischen 5th und 6th Aves., www.topoftherocknyc.com, tgl. 8–24 Uhr, letzter Aufzug 23 Uhr).

Radio City Music Hall (61)

Auch dieses Theater, eines der Highlights des Rockefeller Center, wurde zu Depressionszeiten errichtet (1932); das erstaunt umso mehr, als hier mit so viel Prunk, Pomp und hochwertigen Materialien gebaut wurde, als stünden nicht Zigtausende von Arbeitslosen vor den bronzenen Türen. Die Kulisse für die Scheinwelt ist perfekt: Ein sechsstöckiges Foyer mit einer herrschaftlichen Treppe empfängt den Besucher; man versinkt in samtenen Polstern; die goldumrahmte Bühne ist so breit wie ein Straßenblock. Sonne, Mond und Sterne erscheinen auf Knopfdruck; Blitz und Regen lassen sich kommandieren.

Die 6200 Plätze waren selbst in der schlechten Zeit immer ausverkauft, wenn die berühmte Revuetruppe der »Rockettes« auftrat oder die neuen Tonfilme über Leinwand flimmerten. Die Teilnahme an einer Führung durch das Theater lohnt sich schon wegen der grandiosen Art-déco-Ausstattung. Der Saal ist allerdings nur dann für Besucher zugänglich, wenn gerade keine Proben oder Aufnahmen stattfinden (Infos unter Tel. 212/247-4777).

5 Karte Seite 71

Radio City Music Hall

*American Folk Art Museum ㊷

Im Folk Art Museum wird traditionelle Volkskunst gezeigt – aber auch die ist hier besonders spannend. Die Exponate stammen aus allen Teilen der USA. Die Dauerausstellung befindet sich im 5. Stock; es finden regelmäßig Wechselausstellungen statt. Das relativ schmale Gebäude wurde architektonisch ausgesprochen interessant gestaltet (45 W. 53rd St.; Di–Do, Sa, So 10.30–17.30, Fr 10.30–19.30 Uhr; 9 $; www.folkartmuseum.org).

9 **Museum of Modern Art ㊸

Von 2002 bis 2004 wurde das Museum of Modern Art umgebaut. In Deutschland sah man das mit Freuden. Musste man doch nicht mehr nach New York, sondern nur bis Berlin fahren, um einen Eindruck von der grandiosen Sammlung des besten Museums moderner Kunst zu erhalten. Jetzt ist das MoMA wieder nach Hause zurückgekehrt. In ein neues Gebäude, das sich betont schlicht gibt. Schwarzer Granit, Aluminium, weißes und graues Glas – so zeigt es sich von außen.

Im Inneren gibt es in erster Linie mehr Platz. Das Museum nimmt nun fast einen Block ein, nachdem man das Gebäude des Dorset Hotels und zwei Brownstone-Häuser hinzuerwarb. Man kann die Lobby jetzt von 53rd und von 54th Sts. aus betreten. Die Umgestaltung ermöglichte auch

5
Karte Seite 71

Lieber im Museum als im Wohnzimmer ...

Den Grundstock für die meisten New Yorker Museen bildete die Sammlung einer der Millionärs-Familien der Stadt. So wie das Whitney Museum auf die Initiative von Gertrude Whitney Vanderbilt (s. S. 90 f.) zurückgeht, verdankt auch das MoMA seine Entstehung einer der First Ladies von New York. Abby Rockefeller, die Frau von John D. Rockefeller jun., sammelte mit Begeisterung und zum Leidwesen ihres Gatten Werke zeitgenössischer Künstler: Georgia O'Keeffe, Pablo Picasso und Georges Braque waren darunter sowie Maler der Gruppe »Ashcan School«. Ashcan heißt »Aschentonne«, und das sagt schon genug aus über das Ansehen, das die jungen Künstler in bürgerlichen Kreisen genossen. Der Verdacht liegt nahe, dass John D. es satt hatte, das moderne Zeug im Wohnzimmer zu sehen, und sich daher entschloss, seiner Frau ein paar Millionen zu opfern und ihr den Traum vom eigenen Museum zu erfüllen.

eine Neukonzeption der Ausstellung. Die Räume sind durchlässig, man weicht von der klassischen Führung ab und ermöglicht es dem Besucher, den Weg selbst zu bestimmen.

Das MoMA besitzt eine ausgezeichnete Gemäldesammlung, in der epochemachende Bilder – wie die Demoiselles d'Avignon von Picasso – und andere Meisterwerke des 20. Jhs. zu sehen sind. Jeder Künstler, der einen Namen hat, ist hier mit mindestens einem Werk vertreten. Zudem umfasst die Sammlung Druckgrafik und Zeichnungen, Architektur und Design sowie eine Foto- und Filmkollektion. Unbedingt sehenswert, trotz des hohen Eintrittspreises (Mi–Mo 10.30–17.30, Fr 10.30–20 Uhr; 20 $, günstiger mit City Pass, s. S. 98; www.moma.org).

5 Karte Seite 71

Der **MoMA Design Store** (44 W. 53rd St.) ist eine Fundgrube für alle Designliebhaber. Neben Möbelstücken, Vasen und Besteck gibt es auch Poster und Spielzeug zu kaufen. Eine – etwas geräumigere – Filiale gibt es in SoHo (81 Spring St.).

Mehr Platz für Kunst

Die hohen Mieten in Manhattan lassen zeitgenössischer Kunst kaum mehr Raum. Daher weicht man nach Brooklyn und Queens aus. Dort, in dem Viertel Long Island City, entstand das **P. S. 1 Contemporary Art Center** (22–25 Jackson Ave., Queens, Tel. 718/784-2084, www.ps1.org), das seit 1999 mit dem MoMA zusammenarbeitet. In dem Gebäude einer ehemaligen Schule (P. S. heißt Public School) werden interessante Ausstellungen von Gegenwartskünstlern gezeigt.

Weg 6

Von der Upper East Side bis Harlem

***United Nations Headquarters**
→ *Grand Central Terminal
→ *Fifth Avenue → Harlem

Der östlich des Central Park liegende Teil Manhattans war schon immer eine gute Wohngegend. Im südlichen Teil des Weges liegt das Hauptquartier der Vereinten Nationen; von dort läuft man durch die vornehmen Gebiete um Park und Fifth Avenue zur Upper East Side, wo die Reichsten des Landes residieren. Ein Tag genügt, um von den United Nations Headquarters bis zur Seilbahnstation nach Roosevelt Island zu bummeln. Für einen Spaziergang durch die Upper East Side und den Besuch Harlems sollte man jedoch extra Zeit einplanen.

*United Nations Headquarters

Der Verdacht, dass in dieser Stadt ganz spezielle, für den Außenstehenden unverständliche, sich von Viertel zu Viertel ändernde Gesetze gelten, bestätigt sich in dem schmalen Geviert zwischen East River und First Avenue, 42nd und 48th Street: Hier haben nicht einmal die Gesetze der USA Gültigkeit! Doch keine Angst – dieser Weg beginnt nicht im kriminellen Milieu, sondern auf durch und durch ehrwürdigem Boden. Dass auf dem Areal der UN Headquarters eigene Gesetze gelten, ist ein Zeichen von Exklusivität. »Exterritoriales Gebiet«, so lautet der Fachausdruck aus dem Völkerrecht, und das bedeutet, dass die Vertreter der 192 Staaten, die hier arbeiten, besondere Rechte genießen.

Das Hauptquartier der UN besteht aus vier Gebäuden, die sich hinter einem Wall von bunten Fahnen erheben – jedes Mitglied zeigt hier Flagge. Auch künstlerisch hat jeder UN-Staat etwas beigetragen: In den Gebäuden und Gärten finden sich Kunstwerke aus aller Herren Ländern.

Geschichte

Bevor sich der Duft der großen weiten Welt am East River breit machte, stiegen den Bewohnern der angrenzenden Viertel ganz andere Gerüche in die Nase – von Leimfabriken und Gaswerk, Schlachthof und Brauereien. Diese müssen zudem einen so furchtbaren Anblick geboten haben, dass sich die Architekten, die 1928 den Apartmentkomplex **Tudor City** 64 bauten, entschlossen, die Front gen Osten ohne Fenster zu lassen.

Die Gebäude

1950 war das erste UN-Gebäude bezugsfähig, das **Secretariat Building** 65, dessen schmaler Turm die Anlage beherrscht. Es folgten das **Conference Building** 66, der niedrigste Bau des Komplexes, das **General Assembly Building** 67, das als Auditorium dient, und schließlich die **Dag Hammarskjöld Library** 68. Dem Anliegen entsprechend, eine Vielvölkerinstitution zu schaffen, war auch das Architektenteam bunt gemischt; u. a. beteiligten sich Le Corbusier (Frankreich), Oscar Niemeyer (Brasilien) und Sven Markelius (Schweden). Architektonisch ist das Ensemble keine Meisterleistung. Trotzdem lohnt es sich, die Stätten, an denen so viele weltpolitisch bedeutende Entscheidungen gefällt werden, im Rahmen einer Führung zu besichtigen (Tickets in der Lobby des General Assembly Bldg.; Mo–Fr 9.30–16.45, Sa/So 10–16.30 Uhr; 11 $; www.un.org/tours).

In den United Nations trifft sich die Welt nicht nur zum Arbeiten, sondern auch zum Essen. Was da so multikulturell auf den Tisch kommt, kann man im **Delegates' Dining Room** probieren.

Entlang der 42nd Street

Vom Hauptausgang des UN-Geländes geht man ein paar Schritte nach Süden und biegt dann in die 42nd Street ein. Sie präsentiert sich nobel – Tudor City zum Beispiel ist eine sehr gute Wohnadresse –, geschäftig und als Dorado für Liebhaber des Art déco!

Ford Foundation 69

Bevor man sich ins Getümmel stürzt, lohnt sich ein Kurzbesuch in der Stille: Das Atrium der Ford Foundation (321 E. 42nd St.) ist eine 40 m hohe grüne Oase. Kann man sein Haus schon nicht in einen Garten stellen, dann sollte man wenigstens einen Garten im Haus anlegen – unter dieser Devise wurden in den letzten Jahrzehnten immer mehr Bürogebäude mit Atrien ausgestattet, die Ähnlichkeit mit Gewächshäusern haben. Ein Gesetz von 1961 begünstigt die innere Begrünung der Stadt: Wer der Öffentlichkeit Plätze schenkt, darf mehr vermietbaren Raum schaffen, also höher bauen, als es die Bauordnung zulässt.

Art déco und Moderne

Schräg gegenüber erhebt sich das 1930 gebaute **Daily News Building** 70 (220 E. 42nd St.), ein Gebäude mit einer prachtvollen Eingangshalle, in der sich ein riesiger Globus dreht.

6 Karte Seite 71

Spitze des Chrysler Building

6
Karte Seite 71

Ein weiteres Schmuckstück aus der Art-déco-Zeit steht an der Ecke 42nd Street/Lexington Avenue, das ***Chrysler Building** 71. Sein eigenwilliger, aus Stahlbögen gefertigter Turm gehört zu den künstlerischen Höhepunkten der Skyline New Yorks; sehenswert ist aber auch die Lobby mit den 18 Fahrstühlen, an denen großartige Intarsienarbeiten zu bewundern sind. Mit diesem Gebäude wollte sich der Autohersteller Walter P. Chrysler ein Denkmal setzen; als es 1930 gebaut wurde, war es mit 319 m das höchste Bauwerk in New York.

Auf der anderen Seite der Lexington Avenue ist ein modernes Beispiel der Profilierungssucht eines Mannes zu sehen: Der Baulöwe Donald Trump hat sich hier 1980 verewigt, unterstützt von den Architekten Gruzen & Partners und Der Scott. Der Bau des **Grand Hyatt Hotel** 72 (s. S. 27) war eine seiner ersten Unternehmungen. Die bombastische Eingangshalle trägt unverkennbar Trumps Handschrift. In der Glasfront des Hotels spiegeln sich zwei Gebäude, in die man ebenfalls einen Blick werfen sollte, weil sie schöne Lobbys haben: das **Chanin Building** 73 und das **Haus Nr. 110 E. 42nd** 74, beide aus den 1920er Jahren.

Whitney Gallery 75

Ecke 42nd Street/Park Avenue zeigt das Whitney Museum (s. S. 90) in regelmäßig wechselnden Ausstellungen kostenlos zeitgenössische Kunst (Mo bis Fr 11–18, Di 11–17.30 Uhr).

New York Public Library 76

Das Beaux-Arts-Gebäude von 1911, entworfen von dem Architektenbüro Carrère & Hastings, enthält ca. 9 Mio. Bücher. In der Bibliothek finden kostenlose wechselnde Ausstellungen zu verschiedenen Themen statt. Die breite Treppe vor der Library ist eine beliebte städtische Oase (Mo–Mi 9–21, Do–Sa 10–18 Uhr).

3 Hinter der Public Library liegt der hübsche **Bryant Park** mit Restaurant, Cafés und einem alten Karussell. Hier findet im Sommer das Bryant Park Film Festival statt (s. S. 11).

*Grand Central Terminal 77

Gute Restaurants sind auf der Ostseite der 42nd Street dünn gesät. Dass das beste sich ausgerechnet im Untergeschoss des Hauptbahnhofs befindet, darf Feinschmecker nicht abhalten. In der **Oyster Bar** (s. S. 26) herrscht zwar eine gewisse Schwemmenatmosphäre, aber die Küche ist ausgezeichnet – ja, viele halten das Fischrestaurant für das beste sei-

In der New York Public Library stehen an die 9 Millionen Bücher

ner Art in der Stadt. Auch **Michael Jordan's Steak Restaurant** (s. S. 26) ist hervorragend. Wer nicht formell dinieren will, findet im **Food Court** im Untergeschoss des Grand Central Terminal diverse Imbissstände, die für jeden Geschmack etwas bieten.

Der Bahnhof wurde 1913 fertig gestellt und ist ein Prachtexemplar der Beaux-Arts-Architektur. Allein die von einem Sternenhimmel gekrönte Halle misst 38–83 m und ist 35 m hoch. Mit diesem Bau haben sich die Vanderbilts ein Denkmal gesetzt: Der Stammvater Cornelius Vanderbilt besaß 12 Eisenbahnlinien, die er zur »Grand Central« zusammenschloss, sein Sohn William Henry erweiterte das Unternehmen, und der Enkel errichtete den gegenwärtigen Bahnhof, der seit den 1970er Jahren unter Denkmalschutz steht und 1998 großzügig renoviert wurde.

MetLife Building 78

Über dem Bahnhof thront das MetLife Building, erbaut 1963 von Walter Gropius. Dieses Gebäude ist ein frühes Beispiel für ein Spiel, das die Immobilienhändler heute noch gerne spielen: Sie kaufen und verkaufen Luftrechte. Das geht so: Der Besitzer eines niedrigen Gebäudes verpflichtet sich, die ihm zustehende Bauhöhe nicht auszuschöpfen und verkauft sein Recht auf

Bryant Park – eine grüne Oase inmitten der Wolkenkratzerschluchten

Höhe an den Nachbarn. Der kann das niedrige Haus nun überbauen oder darf auf seinem Grundstück um genau so viele Meter höher bauen, die der andere unterhalb der maximalen Grenze bleibt.

6 Karte Seite 71

Entlang der Park Avenue

Man kann durch den Bahnhof und die Lobby des MetLife Building hindurchgehen und erreicht die Park Avenue, eine der exklusivsten Straßen New Yorks. Viele der Geschäfte auf der Park Avenue öffnen ihre Pforten nur für vorangemeldete Kundschaft. Wer hier wohnt, thront ganz oben auf der sozialen Leiter.

An dieser Straße steht auch ein ihrem Nimbus entsprechendes Hotel, das **Waldorf-Astoria** 79. Obwohl es an Exklusivität heute von vielen anderen Nobelpalästen übertroffen wird, ist es doch neben dem »Plaza« das berühm-

Einkaufsbummel in der exklusiven Park Avenue

teste Hotel New Yorks. Hier wurden z. B. die Astronauten von »Apollo 11« nach der ersten Mondlandung der Geschichte begrüßt; hier steigen gekrönte Häupter und der Geldadel ab und hier treffen sich Größen aus Politik und Kunst.

Spaziert man entlang der Park Avenue nordwärts, stößt man auf zwei Bauwerke von historischer Bedeutung. Mit dem **Seagram Building** ⑳ erregte Mies van der Rohe 1958 Aufsehen, da er als erster in Manhattan einen Platz zu Füßen eines Gebäudes unbebaut ließ. Sein Beispiel sollte Schule machen: Die »Platzgeschenke« an die Öffentlichkeit (s. S. 21) wurden dadurch initiiert. Auch das **Lever House** ㉛ zwischen 53rd und 54th Streets ist ein Trendsetter: 1952 erbaut, war es der erste Curtain-Wall-Wolkenkratzer aus Stahl und Glas.

6
Karte Seite 71

Die Park Avenue ist keine sinnliche Straße – sie wirkt bombastisch und abweisend. Umso willkommener ist das hübsche Café **Bart's,** das die Kirche St. Bartholomew's (zwischen 50th und 51st Sts.) betreibt.

Das postmoderne New York

*Citicorp Center ㉜

Das Citicorp Center an der Lexington Avenue bietet neben dem ästhetischen Genuss – der 1978 erbaute Komplex gilt als eines der schönsten postmodernen Bauwerke New Yorks – vielfältige Konsummöglichkeiten: Restaurants, Geschäfte, Ladenstraßen, und das alles eingebettet in eine künstliche Landschaft mit Blumenrabatten, Bäumen und Brunnen. Das Citicorp Center ist 279 m hoch und ruht auf 40 m hohen Säulen. Auch hier war der Kauf von Luftrechten nötig, um in derart schwindelnde Höhen steigen zu dürfen. Die St. Peter's Church, die diese Rechte besaß, gab sie nur unter einer Bedingung ab: In dem Neubau musste eine Kirche errichtet werden. Was dabei herauskam, ist sehenswert!

Nahezu alle Museen in New York haben Geschäfte, in denen man Bücher und Kunsthandwerkliches erwerben kann. **The Museum Company** (673 Fifth Ave./53rd St.) geht einen Schritt weiter und sprengt Grenzen: Hier ließ man sich von Kollektionen der großen Museen der Welt inspirieren. Man findet hübsche Geschenke wie Tücher, Schmuck oder Rahmen …

Sony Building ㉝

An der Madison Avenue stehen zwischen der 55th und der 57th Street Seite an Seite zwei recht umstrittene postmoderne Gebäude. Vor allem das 1983 fertig gestellte Sony Building (Architekt: Philip Johnson) erregte die Gemüter; Kritiker halten es für »massig, gestaltlos, teuer verkleidet« – kurz: »gutes Material, schlechter Schnitt«, wie Ada L. Huxtable in der »New York Times« schrieb. Im Obergeschoss des Gebäudes präsentiert das **Sony Wonder Technology Lab** kostenlos die Wunderwelt der modernen Medientechnik (Di–Sa 10–17, So 12–17 Uhr).

IBM Building (84)

Auch im IBM Building von 1984 profitiert man als Tourist von den »Platzgeschenken« des Architekten Edward Larrabee Barnes an die Öffentlichkeit: Im Atrium kann man sich entspannen, bevor man in die gleißende Welt von Donald Trump eintaucht.

Treppenhaus des Trump Tower

*Fifth Avenue

*Trump Tower (85) und Tiffany

Man betritt den Trump Tower via Fifth Avenue: Im Atrium stehen die vergoldeten Ts, mit denen der Egomane, Bauherr Donald Trump, seinem Namen 1984 ein Denkmal gesetzt hat; von der Lobby aus blickt man auf einen 60 m hohen Wasserfall vor lachsfarbener Marmorwand, auf gleißende Rolltreppen, goldene Schaufenster, goldene Lifte, Glas und Spiegel, die den Kitsch unendlich vervielfachen. Die Geschäfte hier sind vom Feinsten und Teuersten, die Jahresmieten liegen in Millionenhöhe.

Die **exklusivsten Geschäfte** auf der Fifth Avenue liegen zwischen der 48th und der 59th Street. Alles, was in der Konsumwelt Rang und Namen hat, ist hier vertreten.

6
Karte Seite 71

Gepflastert mit Goldenen Kreditkarten

Die Fifth Avenue beginnt am Washington Square und endet ganz oben im Norden in East Harlem. Unzählige Male ändert sie auf diesem Weg durch Manhattan ihr Gesicht, gesäumt von Fassaden banaler Bürohäuser, von Prachtbauten, Geschäften, Museen, Luxusapartmenthäusern und schließlich im Norden von Baulücken und Mietskasernen mit ausgebrannten Fensterhöhlen. *Die* Fünfte, als Mythos, als Inbegriff von Shopping und Luxus, nimmt nur wenige Häuserblöcke ein. In den oberen 40er Straßen verwandelt sie sich in die Flaniermeile der Schönen und Reichen. Wenn sie den Park erreicht, verschwindet der Kommerz, und die Wohngegend derjenigen beginnt, die es sich leisten können, die Preise in den Luxus-Shopping-Tempeln weiter südlich zu bezahlen. Auch wenn die Geschäfte an der Fünften nicht mehr die höchsten Mieten der Welt zahlen, so hat die Straße sich doch in den letzten Jahren von ihrem Schmuddel-Image befreit und strahlt wieder als prächtigste aller Avenues.

Der Trump Tower steht neben dem berühmten **Tiffany,** wo man für Juwelen, perlenbesetzte Kämme, Diademe etc. viel Geld loswerden kann. Dem hochkarätigen Namen zum Trotz stand Tiffany Ende der 1970er Jahre vor ernsten Problemen. Donald Trump, der gerade ein Kaufhaus neben Tiffany erworben hatte, nützte die Situation aus und bot Tiffany 5 Mio. Dollar für dessen Luftrechte. Damit durfte er 68 Stockwerke hoch bauen, in Bestlage!

Selbst wer schon alles hat, findet bei **Hammacher Schlemmer** (147 E. 57th St.) garantiert noch etwas, was das Leben noch einen Tick komfortabler macht. Nützliches und Unsinniges für Garten, Haushalt, Sport – es macht einfach Spaß, durch den Laden zu bummeln und sich anzuschauen, was der menschliche Erfindungsgeist so alles hervorbringt.

Plaza Hotel 86

Den krönenden Abschluss der Luxusmeile bildet das Plaza am Central Park. In dem legendären, 1907 im Stil eines französischen Château erbauten Hotel nächtigten Kaiser, Filmstars, Literaten und Präsidenten. Umso erschütterter war die New Yorker Öffentlichkeit, als das »Aus« für das Plaza verkündet wurde: Seine geschichtsträchtigen Räumlichkeiten sollen in Eigentumswohnungen und Boutiquen umgewandelt werden.

Massive Proteste bewirkten, dass diese Pläne modifiziert wurden und Räume wie der **Palm Court** und die **Oak Bar** nun erhalten bleiben sollen – Plätze, in denen nicht nur Einheimische, sondern auch Touristen den Charme dieser ganz eigenen, an den Glanz vergangener Tage erinnernden Welt erlebten. Wie sie in Zukunft aussehen werden, bleibt abzuwarten.

6 Karte Seite 71

Die Upper East Side

Streng geografisch gesehen erstreckt sich die Upper East Side von der 59th bis zur 96th Street, sozial gesehen, aber ist *die* Upper East Side auf ganz enge Grenzen beschränkt: Nur zwischen der 61st und der 81st und nur entlang der Achsen Fifth, Madison und Park Avenue lebt man, wenn man zur Crème de la Crème gehören will. Dazu muss man allerdings in der Lage sein, zweistellige Millionenbeträge für ein Apartment hinzublättern und auch sonst noch bestimmte Voraussetzungen erfüllen, damit die Mieterräte, die in den einzelnen Häusern regieren, einen auch als Mitbewohner akzeptieren. An Aspiranten, die in diesem magischen Quadrat des Geldes residieren möchten, besteht kein Mangel. New York hat die größte Millionärsdichte der USA – 41 000 Menschen in dieser Stadt besitzen mehr als 10 Millionen Dollar –, diejenigen, die mehr als eine Million besitzen, hat man gar nicht gezählt. Schattige Seitenstraßen, gepflegte Häuser, bewacht von lautlos schwenkenden Kameras und diskreten, arroganten Portiers prägen das Bild der Upper East Side. Hier ist es schön, aber recht langweilig. Das Leben beginnt erst wieder jenseits des magischen Quadrats östlich der Lexington Avenue. In dieser Gegend hat sich vor allem in den 1980er Straßen um die 3rd und 2nd Avenue eine interessante Restaurantszene etabliert.

In Harlem laden viele Jazzlokale zu hochklassigen Sessions

Vor dem Hotel auf der Grand Army Plaza erinnert der Pulitzer-Brunnen an den Vater des Journalismus. An der Ecke zum Central Park warten Pferde und Kutscher auf Kunden, die dem Getriebe entgehen und gemütlich durch New Yorks Grünanlage (s. S. 86) gefahren werden wollen.

Zu »Bloomies« und auf die Insel

Über die 59th Street erreicht man Richtung Osten wieder die Lexington Avenue und kann dort eines der Ergebnisse des Baubooms der 80er Jahre des 20. Jahrhunderts bewundern, eine Kreation aus blauem Glas, deren Spitze an einen dicken Bleistift erinnert. Das von Helmut Jahn entworfene Gebäude – **750 Lexington Avenue** (87) – wirkt besonders interessant, wenn man es von der 57th Street aus betrachtet. Dort, an der Ecke zur Lexington Avenue, steht ebenfalls ein modernes Gebäude, ein Werk des Architekten William Pedersen, das wegen der originellen Ecklösung viel Beachtung fand.

Hinein in die Welt des Konsums: Das berühmte Kaufhaus **Bloomingdale's** (88) nimmt den ganzen Block zwischen Lexington und Third Avenues, 59th und 60th Streets ein. »Bloomies« ist Teil des Mythos New York, ein perfekt organisiertes und inszeniertes Konsumparadies über sieben Stockwerke. Delikatessen, Wäsche, Pelze, Lampen, Möbel – »Bloomies« führt alles, vom Feinsten natürlich, allerdings findet sich auch für den schmalen Geldbeutel etwas.

Ecke Second Avenue/60th Street liegt die Haltestelle der **Roosevelt Island Tramway** (89), einer Seilbahn, die über den East River zur Roosevelt Island führt. Die Fahrt allein ist den Ausflug wert, der Blick auf Dächer und Dachgärten eröffnet neue Perspektiven.

Harlem

Wer von der Upper East Side aus nach Harlem möchte, kann auf der Madison Avenue in den Bus Nummer 1 oder 2 steigen und hinauf bis zur 125th oder 135th Straße fahren. Von Midtown aus

6
Karte Seite 71

erreicht man die 125th oder 135th Straße mit der U-Bahn: entweder mit dem legendären A Train oder mit den Linien 2 und 3.

Neues Leben oberhalb der 96th Street

Alle sprechen von Harlem. Die Immobilienmakler, die Besitzer großer Ladenketten, die Weißen, die hier oben ein Refugium mit bezahlbaren Mieten entdeckt haben, die Touristen, die es zu einem ihrer liebsten Ziele erkoren haben – vor allem am Sonntag, wenn die afroamerikanischen Gemeinden ihre Gottesdienste feiern und Besucher aus aller Welt das unvergleichliche Schauspiel der Messe mit erleben, bei der mit Emphase gepredigt wird und Gospelchöre die Emotionen schüren.

Harlem, so hört man allenthalben, erlebt eine Renaissance, und viele hoffen, dass es über den kommerziellen Aufschwung hinaus auch zu einer neuen kulturellen Blüte kommen wird. Fest steht, dass dieser Stadtteil, in den jahrzehntelang kein Weißer einen Fuß zu setzen wagte, heute durchaus begehbar und relativ sicher ist, solange man sich in gewissen Vierteln bewegt.

Wer nicht allein herumspazieren möchte, sollte sich geführten Touren anschließen, etwa **Harlem Your Way! Tours Unlimited,** 129 W. 130th St., Tel. 212/690-1687, www.harlemyourwaytours.com.

Rund um die 135th Street

Bis zu 40 Busse stehen am Sonntag vor der **Abyssinian Baptist Church,** die weit über die Landesgrenzen hinaus für ihren Gospelgottesdienst bekannt ist (132 W. 138th St. zwischen 7th Ave. und Malcolm X Blvd.).

Wollen Sie einen Gottesdienst in intimer Atmosphäre und nicht eingeklemmt zwischen anderen Touristen erleben? Dann sollten Sie in eine der weniger bekannten Kirchen wie etwa die **Mt. Zion Baptist Church** (130 W. 130th St.) oder die **Memorial Baptist Church** (141 W. 115th St.)

6 Karte Seite 108

El Barrio

Oberhalb der 96th Street beginnt Harlem, das hier auf der Ostseite East Harlem, Spanish Harlem oder El Barrio heißt. Letzteren Namen benutzen die Bewohner des Viertels, die »Nuyoricans«, also New Yorks Puertoricaner. Die Bewohner der karibischen Insel waren die ersten Hispanics, die in großer Zahl in die Stadt am Hudson strömten, denn niemand konnte ihnen den Zutritt verwehren: Puerto Rico gehört zu den US Commonwealth Territories; die Inselbewohner sind seit 1917 amerikanische Staatsbürger. Diesen Status nutzten sie, um den wirtschaftlichen Problemen in ihrer Heimat zu entkommen, ab Mitte der 1940er Jahre wanderten Hunderttausende zu. Als New York in den 1960er Jahren seine industrielle Basis verlor, verschlechterte sich der Markt für ungelernte Arbeitskräfte, und mit El Barrio ging es bergab. Zwar ist das Viertel noch immer arm dran; es machen sich aber erste Ansätze eines Aufschwungs bemerkbar. El Barrio ist übrigens die Heimat des Salsa; Tito Puente wurde hier geboren.

gehen. Meist finden zwei Messen statt: eine um 9 und eine um 11 Uhr. Es wird erwartet, dass die Gäste angemessen gekleidet sind und die Kirche durch eine Spende unterstützen. Nähere Auskünfte erhält man beim NYC Convention & Visitors Bureau, s. S. 99, oder unter www.newyork.de.

Einen Besuch der Abyssinian Baptist Church kann man mit einem Spaziergang zur **Striver's Row** verbinden. In dem Block zwischen 138th und 139th Streets und 7th und 8th Avenues blieben im **St. Nicholas Historic District** wunderschön restaurierte Häuser erhalten, die in den 90er Jahren des 19. Jahrhunderts errichtet wurden und später, als die Schwarzen nach Harlem zogen, erfolgreichen Afroamerikanern als Wohnung dienten.

Nur ein paar Blocks von der Kirche entfernt liegt das **Schomburg Center for Research in Black Culture,** eine Forschungsstätte und Sammlung zur Geschichte, Literatur und bildenden Kunst der Afroamerikaner (515 Malcolm X Blvd./135th St.; Di–Sa 10–18, So 13–17 Uhr; www.nypl.org).

Rund um die 125th Sreet

Die 125th Street ist die Hauptgeschäftsstraße von Harlem. Hier liegen Jazzlokale (s. auch S. 33) wie der **Cotton Club** (656 W. 125th St.), die **Lenox Lounge** (Malcolm X Blvd. zwischen 124th und 125th Sts.) und das **Apollo Theater** (253 W. 125th St.). Seit 1934 findet hier die Amateur Night statt, bei der junge Talente erproben, ob sie vor kritischem Publikum bestehen.

Seit Harlem zu neuem Leben erwacht ist, eröffnen viele Restaurants, und **Sylvia's** (328 Lenox zwischen 126th und 127th Aves.), die traditionelle Adresse für Soul Food, hat Konkurrenz bekommen (s. S. 26).

Auch die Kunst bekommt in Harlem in jüngster Zeit wieder neue Impulse: Das kleine **Studio Museum** an der 125th Street zeigt afroamerikanische Kunst des 19. und 20. Jhs. sowie Werke aus Afrika und der Karibik und widmet sich seit einigen Jahren verstärkt der Förderung und Verbreitung afroamerikanischer Gegenwartskunst (Mi bis Fr 12–18, Sa 10–18, So 12–18 Uhr).

Harlem Renaissance

Wenn heute davon die Rede ist, dass Harlem eine zweite Renaissance erlebt, so bezieht sich das auf die erste kulturelle Blüte, die in den 1920er und 1930er Jahren stattfand und später als »Harlem Renaissance« in die Geschichte einging. Harlem war während des Ersten Weltkriegs zum Wohnviertel der Schwarzen geworden. Damals brauchte die Industrie Arbeitskräfte, und Zigtausende von Afroamerikanern zogen vom ländlichen Süden in die großen Städte des Nordens. Hier, im urbanen Klima, entwickelte sich eine eigenständige schwarze Kultur, erlangte der »New Negro« Selbstbewusstsein und Identität. Schwarze Literaten, Maler, Schauspieler und Musiker aus ganz Amerika strömten damals nach Harlem, und die weiße Bohème aus Greenwich Village folgte ihnen. Bis zur Depression hielt diese Aufbruchstimmung an; in den 1930er Jahren begann Harlem zu verfallen und entwickelte sich zum schlimmsten Slum, in dem immer wieder Rassenunruhen mit blutigen Straßenschlachten stattfanden.

6 Karte Seite 108

Weg 7

Die grüne Lunge und die Museen

***Central Park → ***Metropolitan Museum of Art → **Solomon R. Guggenheim Museum → *Whitney Museum of American Art → *Frick Collection**

Ein ausgiebiger Sonntagsbrunch ist die beste Vorbereitung für einen gemütlichen Spaziergang durch den Central Park. Auch wenn man alle paar Meter stehen bleibt, um der Wochenendshow der New Yorker zuzuschauen – mehr als einen halben Tag braucht man für den beschriebenen Weg zum Metropolitan Museum of Art nicht.

10 *Central Park

Geschichte

Wenn es nach dem Willen der Stadtplaner gegangen wäre, wäre Manhattan heute eine reine Steinwüste. Es gäbe keine »grüne Lunge«, keinen Platz zum Joggen, Picknicken, Schlittschuh laufen oder Sonnenbaden, keine Wiesen, Hügel und Wasserläufe mitten in der Stadt – kurz, es gäbe keinen Central Park. Denn die Mitglieder der Kommission, die 1811 über die städtebauliche Zukunft Manhattans entschieden, hatten nicht mehr als vier winzige freie Plätzchen eingeplant; den Rest wollten sie lückenlos mit Häusern und Straßen überziehen.

Zwischen 1820 und 1840 wuchs die Einwohnerzahl New Yorks von 124 000 auf 313 000; die Ufer der Insel wurden zugebaut. Entsprechend regten sich die kritischen Stimmen. Schriftsteller, Maler und Landschaftsarchitekten setzten sich dafür ein, dass ein Stück Land im Zentrum der Insel aus dem Bebauungsplan genommen und als Parkgebiet frei gehalten werde. 1853 war es endlich soweit: Die Stadt erwarb einen 4 km langen schmalen Streifen Landes zwischen Eighth und der Fifth Avenues, 59th und der 110th Streets.

Wenn man heute die Wege entlang spaziert, die um Baumgruppen, Wiesen, Seen und Felsen führen, wenn man die Vögel beobachtet, die hier mitten in der Millionenstadt in erstaunlicher Vielfalt leben und nisten, dann fällt es schwer sich vorzustellen, dass Mitte des 19. Jhs. hier nichts war als stinkende Sümpfe, mageres Gestrüpp, Steine und Felsbrocken. Gartenarchitekten müssen visionäre Qualitäten besitzen, denn wie viele erleben die volle Entfaltung eines großen Werks?

Trotzdem mag bezweifelt werden, dass Frederick Law Olmsted und Calvert Vaux, die 1857 den Central-Park-Wettbewerb gewonnen hatten, sich auch nur die geringste Vorstellung von dem machen konnten, was sich hier heute abspielt: Jugendliche tanzen selbstverliebt auf Rollerskates; Filmstars joggen im Rudel ihrer Leibwächter; bei Open-air-Konzerten belagern Zehntausende die Wiesen; dann und wann macht ein Überfall, ein Mord Schlagzeilen.

Unterwegs im Park

Der beste Tag, um den Park zu erleben, ist der Sonntag, ohnehin ein ganz besonderer Tag in Manhattan. Denn plötzlich ist die Stadt leer, um 1,5 Mio. Menschen ärmer als an hektischen Arbeitstagen. Die Pendler bleiben in den Vororten, die Bewohner Manhattans unter sich. New York wirkt plötzlich

7 Karte Seite 91

Sonntag ist der beste Tag für einen Spaziergang durch den Central Park

träge, gemütlich; die Fifth Avenue gehört den Fußgängern, die es nach einem ausgiebigen Brunch unweigerlich in den Park zieht. Der Park wird dann zur Bühne, und alle sind Teil einer großen Show: Die wohlhabenden gepuderten Ladies der Upper East Side ebenso wie die Schwarzen und Puertoricaner, die als Komiker oder Sänger auftreten, sich als Discodancer profilieren oder ihre Skateboardkünste vorführen.

Sicherheitstipps: Nachts nie! Verlassen Sie das Parkgelände vor Einbruch der Dunkelheit. Respektieren Sie die Demarkationslinie 86th Street. Sie teilt den Park in zwei Teile; der Norden ist naturbelassener, weniger frequentiert und gefährlicher. Halten Sie sich auch im Süden auf den viel begangenen Wegen; meiden Sie die lauschigen, einsamen Ecken.

Man spaziert am besten von der Grand Army Plaza, die die Südostecke des Parks bildet, hinauf zum Lake. Dabei kommt man am **Wollman Memorial Rink** ⑨⓪ vorbei, den man, je nach Jahreszeit, mit Schlittschuhen oder Roller Skates betreten kann. Der kleine **Zoo** ⑨① ist durchaus einen Besuch wert. In der **Dairy** ⑨② kann man sich informieren, welche Attraktionen der Central Park noch bietet.

Über die Mall, eine gerade, von Alleebäumen und Büsten berühmter Künstler gesäumte Straße, auf der immer etwas los ist, erreicht man den **Bethesda Fountain** ⑨③ und den Lake, an dem ein nettes Restaurant, das **Boathouse Café,** liegt.

Nördlich des Sees verbreitet **Belvedere Castle** ⑨④ einen Hauch von Mittelalter-Romantik, daneben liegt das **Delacorte Theater** ⑨⑤, eine Freilichtbühne.

Sportlich durch den Central Park – entweder auf In-Line-Skates oder hoch zu Ross. Skates kann man bei **Blades Board and Skate** (120 W. 72nd St., Tel. 787-3911) mieten, Pferde vermittelt die **Claremont Riding Academy** (175 W. 89th St., Tel. 724-5101). Ruderboote verleiht das **Loeb Boathouse,** das direkt am See im Central Park liegt. Dort werden auch Fahrräder vermietet.

7 Karte Seite 91

Metropolitan Museum of Art

11 ***Metropolitan Museum of Art

Das einzige große Gebäude, das auf dem Parkgelände geduldet wird, ist das Metropolitan Museum of Art (Fifth Ave. zwischen 80th und 84th Sts.; So, Di, Mi, Do 9.30–17.30, Fr, Sa 9.30 bis 21 Uhr; 15 $; www.metmuseum.org).

Am Entwurf war Calvert Vaux beteiligt; allerdings ist von dem ursprünglichen, 1880 eröffneten Backsteinbau nur noch vom Central Park aus ein Stück zu sehen. Immer neue Teile und Flügel wurden angebaut, um die enorme Sammlung aufzunehmen, und trotzdem kann man heute nicht mehr als ein Viertel der mehr als 3 Mio. Stücke ausstellen, die das Museum besitzt. Die beiden jüngsten baulichen Erweiterungen des Museums sind der dreistöckige **American Wing** (1980) und der **Lila Acheson Wallace Wing** (1987), zu dem ein Dachgarten gehört, von dem aus man einen herrlichen Blick über den Park hat. Unbedingt sehenswert ist der **Tempel von Dendur,** aus dem 1. Jh. v. Chr., der beim Bau des Assuan-Staudamms abgetragen werden musste und hier originalgetreu wieder aufgebaut wurde.

7 Karte Seite 91

Leider führt kein Weg daran vorbei: Wenn man nicht Wochen im Metropolitan Museum verbringen will, muss man auswählen und sich auf ein paar wenige Räume konzentrieren. Ein Informationskiosk befindet sich in der Eingangshalle. Hier ein kleiner Überblick über die Sammlungen:

Ground Floor

- European Ceramics, Glass and Metalwork (Porzellan, Fayencen, Goldschmiedearbeiten).
- Costume Institute (Kleider und Trachten des 17.–20. Jhs.).
- Uris Center for Education (Bildungszentrum für Kinder und Jugendliche).

Main Floor

- Egyptian Wing (ägyptische Kunstsammlung von Weltrang).
- Greek and Roman Art (Teile der Sammlung gehören zu den ältesten Stücken des Museums).
- Medieval Art (wunderbar präsentierte Exponate mittelalterlicher Kunst; 7.–16. Jh.).
- Lehman Pavilion (Privatsammlung von 3000 Kunstwerken; überwiegend europäische Kunst, u. a. Rembrandt, Goya, van Gogh, Matisse).

European Sculpture and Decorative Art (verschiedene Galerien, in denen Räume aus europäischen Schlössern rekonstruiert sind).

- Arms and Armor (Rüstungen und Waffen).
- Michael C. Rockefeller Wing (präkolumbische Kunst, Stammeskunst und Kultobjekte aus Afrika und Ozeanien).
- American Wing (63 Galerien, die über den Main und den Second Floor verteilt sind und in denen alle Erscheinungsformen amerikanischen Kunstschaffens Raum finden – Gemäl-

de, Skulpturen, dekorative Kunst, Stilzimmer u. v. a.).

- Lila Acheson Wallace Wing (zwei Stockwerke und der wunderschöne Dachgarten sind der Kunst des 20. Jhs. gewidmet; überwiegend amerikanische Künstler).

Second Floor

- European Paintings (Bilder aus verschiedenen europäischen Ländern und Epochen).
- André Meyer Galleries (europäische Malerei und Skulptur des 19. Jhs.).
- Islamic Art (islamische Kunst vom 8.–19. Jh.).
- Ancient Near Eastern Art (Exponate aus dem Nahen Osten, die ältesten stammen aus dem 6. Jt. v. Chr.).
- Far Eastern Art (Ausstellungsobjekte aus China, Japan, Indien u. a.).
- Drawings, Prints and Photographs (Zeichnungen, Drucke, Fotografien u. a. von Leonardo da Vinci, Michelangelo, Dürer, Turner, Degas, Goya).
- Musical Instruments (Instrumentensammlung, u. a. drei Stradivaris).

Mäzene und Museen

Das Metropolitan Museum lebt wie fast alle amerikanischen Kultureinrichtungen zum Großteil vom Mäzenatentum (s. S. 75). Daraus erklärt sich, warum sich gerade auf der Ostseite des Parks eine derartige Fülle von Museen findet: Dank Mrs. Astor wurde der nördliche Teil der Fifth Avenue zur Wohnadresse Nummer 1. Wer immer es sich leisten konnte, baute sich parkseitig gelegene Villen, von denen viele im Lauf der Zeit in Stiftungen umgewandelt wurden.

So befindet sich zum Beispiel das **Jewish Museum** (1109 5th Ave./92nd St.; s. S. 11) in einem alten Prachtbau aus dem Jahr 1908, das **Cooper-Hewitt Museum of Design** ist in der ehemaligen Villa des Millionärs Andrew Carnegie untergebracht (5th Ave./91st St.). In der eleganten Residenz von Mrs. Cornelius Vanderbilt III. ist die 2001 eröffnete **Neue Galerie** untergebracht, die eine sehenswerte Sammlung deutscher und österreichischer Kunst

Mittelalter in Manhattan – The Cloisters

Weit im Norden der Insel Manhattan, im Fort Tryon Park (Bus M 4, s. Umschlagkarte) befindet sich eine Dependance des Metropolitan Museum: The Cloisters. Hier, abseits des Trubels der Großstadt, liegt eine Welt, die mit Amerika gar nichts zu tun hat und in der modernen Millionenstadt New York völlig deplatziert wirkt – die Welt des europäischen Mittelalters! Stein für Stein, Säule für Säule, Bogen für Bogen wurde über den Atlantik geschifft, eine ganze Epoche von Kontinent zu Kontinent transplantiert. Eine barbarische Idee? Das Ergebnis beweist etwas anderes: romanische Kreuzgänge, gotische Kapellen, Portale und Gewölbe – die ganze mittelalterliche Baugeschichte vom 12. bis 15. Jh. ist am Ufer des Hudson River in einem harmonischen Ensemble präsent! The Cloisters beherbergt die mittelalterliche Kunstsammlung des Metropolitan Museum of Art, die v. a. aus französischen, spanischen und flämischen Werken besteht: Glasfenster, Goldschmiedearbeiten, Tapisserien und Skulpturen (Di–So 9.30–17.15, im Winter bis 16.45 Uhr).

7 Karte Seite 91

des 20. Jhs. beherbergt: Klimt, Schiele, Klee u. a. (Fifth Ave./Ecke 86th St.; 15 $; Do–Mo 11–18, Fr 11–21 Uhr).

Gemütlich und ganz dem Charme des alten Europa verpflichtet: das **Cafe Sabarski** im Erdgeschoss des Museums.

**Solomon R. Guggenheim Museum 96

Frank Lloyd Wright entwarf das 1959 eröffnete Gebäude, dessen Architektur allein schon einen Besuch wert ist: Von außen wirkt das Museum wie ein auf den Kopf gestelltes Schneckenhaus (Abb. S. 5), innen windet sich eine spiralförmige Rampe nach oben, so dass man die Kunstwerke aus verschiedenen Blickwinkeln betrachten kann.

Im Guggenheim Museum finden große Sonderausstellungen statt, die sich oft sehr am breiten Publikumsgeschmack orientieren. Die Sammlung der klassischen Moderne ist in dem Anbau aus dem Jahr 1992 untergebracht. In den Tower Galeries sind u. a. Werke von Kandinsky, Klee, Picasso und Renoir zu sehen. (Fifth Ave./89th St.; Sa–Mi 10–17.45, Fr 10–20 Uhr; 18 $, günstiger mit dem City Pass, s. S. 98; www.guggenheim.org)

7
Karte
Seite
91

Am Freitag und Samstag (17 bis 20 Uhr) finden in der Rotunda des Guggenheim Museums hervorragende **Jazzveranstaltungen** statt.

**Whitney Museum of American Art 97

Das von Marcel Breuer entworfene Gebäude steht Ecke Madison Avenue und 75th Street. Die Sammlung geht zurück auf eine Initiative von Gertrude Whitney Vanderbilt, die selbst Bildhauerin war und schon in den 30er Jahren des 20. Jhs. jungen Künstlern in Greenwich Village Ausstellungsmöglichkeiten bot.

Das Whitney Museum zeigt ausschließlich Werke amerikanischer Künstler des 20. und 21. Jhs. Eine schöne Einstimmung bietet Alexander Calders »Circus«. Es finden wechselnde Ausstellungen zeitgenössischer Künstler statt. In dem Raum im 2. Stock, der der permanenten Sammlung gewidmet ist, zeigt das Museum

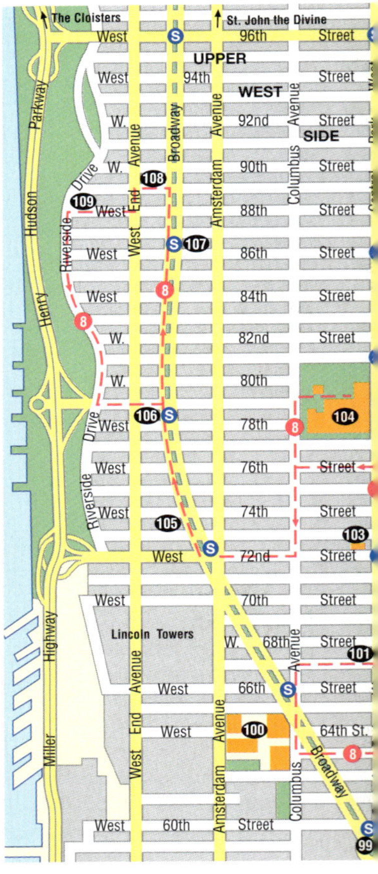

Weg 7

- 90 Wollman Memorial Rink
- 91 Zoo
- 92 Dairy
- 93 Bethesda Fountain
- 94 Belvedere Castle
- 95 Delacorte Theater
- 96 Solomon R. Guggenheim Museum
- 97 Whitney Museum of American Art
- 98 Frick Collection

Weg 8

- 99 Columbus Circle
- 100 Lincoln Center for the Performing Arts
- 101 Hotel des Artistes
- 102 Strawberry Fields
- 103 Dakota Building
- 104 American Museum of Natural History
- 105 Ansonia
- 106 Apthorp Apartments
- 107 Belnord Apartments
- 108 Astor Court Apartments
- 109 Isaac L. Rice Residence

7

Mit der Kutsche durch den Central Park

immer wieder andere Werke seines reichen Bestandes. Besonders hervorzuheben ist der ca. 2500 Werke umfassende Nachlass von Edward Hopper (Mi, Do, Sa, So 11–18, Fr 13 bis 21 Uhr; 15 $; www.whitney.org).

*Frick Collection 98

Neben den Kunstschätzen, die der Stahlfabrikant Henry Clay Frick zusammentrug, ist auch sein ehemaliges Palais – 1913/14 im Stil des französischen Neoklassizismus erbaut – sehenswert. Man fühlt sich weniger wie in einem Museum, sondern vielmehr als Gast eines Mannes, der es sich leisten kann, sich mit erlesensten Kunstwerken zu umgeben. Zu den großen Namen, die hier vertreten sind, zählen Tizian, Vermeer, Goya, El Greco … (Fifth Ave./70th St.; Di–Sa 10–18, So 11–17 Uhr; 15 $; www.frick.org).

Wer nun eine trockene Kehle hat, sollte zu **J. G. Melon** (1291 3rd Ave./74th St.) spazieren. In diesem gemütlichen Pub bekommt man ein kühles Bier und einen guten Burger zu vernünftigen Preisen.

7
Karte Seite 91

Weg 8

Die Upper West Side Story

Columbus Circle → *Lincoln Center → **American Museum of Natural History → Riverside Drive

Um in diesem Viertel spazieren zu gehen, durch die Geschäfte zu bummeln, sich die wichtigsten Sehenswürdigkeiten anzusehen, braucht man einen Tag Zeit – vorausgesetzt, man verbringt nicht schon einen ganzen Tag im Museum of Natural History …

Die Besiedlung des Westens

Westlich des Central Park passiert etwas für Manhattan Außergewöhnliches: Alle Avenues, die bis zur 59th Street ihr Dasein als schlichte Nummern fristen, schmücken sich plötzlich mit Namen. Die Eighth wird zu Central Park West, die Ninth mausert sich zur Columbus Avenue, die Tenth darf sich Amsterdam Avenue nennen und die Eleventh West End Avenue.

Der Grund für die Namensgebung? Imagepflege. Als die Upper West Side Ende des 19. Jhs. erschlossen wurde, schwebte den Grundbesitzern vor, dort ein elegantes Wohnviertel für ein zahlungsfähiges Publikum entstehen zu lassen. Dabei stand ihnen das negative Image der Eighth, Ninth, Tenth, Eleventh Avenue im Weg. Das waren keine »guten Adressen«. Also gab man den Kindern neue Namen, und schon stiegen die Grundstückspreise … Inzwischen haben sie Schwindel erregende Höhen erreicht: Die Upper West Side gehört zu den teuersten Vierteln Manhattans und zieht vor allem Intellektuelle und wohlhabende Familien mit Kindern an.

Hier wohnten und wohnen Schauspieler, Musiker und Schriftsteller. Hannah Arendt, Anaïs Nin, Yehudi Menuhin, John Lennon, Scott Fitzgerald, Isaac B. Singer, Billy Joel, Mick Jagger, Harry Belafonte, Paul Simon – die Liste großer Namen ließe sich endlos fortsetzen. Dem deutschen Leser hat Uwe Johnson die Upper West Side näher gebracht; sein großartiger Roman »Jahrestage« spielt hier.

Freiluftkonzert im Lincoln Center

Columbus Circle 99

Der Rundgang durch die Upper West Side beginnt am Columbus Circle, an dem Trump International Hotel and Tower und das neue **Time Warner Center** architektonische Akzente setzen. Allerdings keine, die zum Schwärmen Anlass geben würden: Trump liebt Bombastik und David Childs, der den doppeltürmigen spiegelnden Glasbau für Time Warner entworfen hat, gilt als opportunistischer Konzernarchitekt. Im Time Warner Center ist alles versammelt, was schön und teuer ist: ein Luxushotel, Läden sowie Restaurants der führenden Chefs der Stadt.

The Shops at Columbus Circle im Time Warner Center ist ein Shoppingparadies mit allen großen Namen der Konsumwelt.

*Lincoln Center for the Performing Arts 100

Es empfiehlt sich – statt am Broadway, der kürzesten Verbindung – am Central Park entlang zu spazieren und dann über die 63rd Street auf die New Yorker »Akropolis« zuzugehen.

Dort stehen die wichtigsten Musentempel der Stadt versammelt (s. auch S. 32): das **Metropolitan Opera House,** das **New York State Theater,** das sich das New York City Ballet und die New York City Opera teilen, die **Avery Fisher Hall,** Stammhaus der New Yorker Philharmoniker, die **Alice Tully Hall,** in der die Lincoln Center Chamber Music Society residiert, und die **Juilliard School,** in der hoffnungsvolle Nachwuchstalente regelmäßig Proben ihres Könnens geben. Führungen durch das Lincoln Center gibt es täglich ab Concourse (Anmeldung unter Tel. 212/875-5350).

Klassische Musik, Tanz oder Oper – die Schüler und Schülerinnen der Juilliard School gehören zu den Besten der Welt. Für maximal 20 $ kann man hier erstklassige Aufführungen erleben (www.juilliard.edu).

8 Karte Seite 90

Berühmte Persönlichkeiten

Spaziert man auf der 67th Street zum Central Park, stößt man an der Ecke Central Park West auf das **Hotel des Artistes** 101, eines jener Bauwerke, die

Im Gedenken an John Lennon ...

man mit Namen großer Künstler verbindet. Mit seinen riesigen Atelierräumen war das Haus als Domizil für Maler gedacht; im Lauf seiner Geschichte bot es aber dann all jenen eine Bleibe, die es sich leisten konnten, hier zu wohnen, wie zum Beispiel der Tänzerin Isadora Duncan.

Im Erdgeschoss befindet sich das berühmte **Café des Artistes;** mit üppigen nackten Nymphen an den Wänden und europäischem Ambiente erzeugt das Lokal jenen *old world charme,* den die Amerikaner so lieben. Romantisch (und ebenso teuer wie das Café des Artistes) ist die **Tavern on the Green,** die im Park auf der Höhe der 66th und 67th St. liegt.

8 Karte Seite 90

Den weiteren Weg zum Museum of Natural History legt man im Park zurück, wobei man in **Strawberry Fields** 102 Rast machen und die Stille genießen sollte. Yoko Ono ließ diesen Friedensgarten mit Pflanzen aus 123 Ländern 1983 für ihren Mann, den Ex-Beatle John Lennon gestalten, der 1980 vor dem **Dakota Building** 103 Ecke 72nd Street erschossen wurde.

Luxusapartmenthaus The Dakota

**American Museum of Natural History 104

Über den Central Park West und die 76th Street gelangt man zu dem bombastischen Gebäude (1874–1899), das von außen an einen antiken Repräsentationsbau erinnert. Auf einer Ausstellungsfläche von ca. 50 000 m² sind Exponate zu den Themen Naturgeschichte, Anthropologie und Ethnologie untergebracht. Da gibt es Dinosaurier- und Walskelette zu bestaunen; die Edelstein- und Mineraliensammlung stellt Superlative wie den »Star of India«, den größten geschliffenen Saphir der Welt (463 Karat), oder den größten geschliffenen Edelstein der Welt (ein hellblauer Topas mit 21 327 Karat = 4,3 kg!) zur Schau. Außerdem kann man sich über das Leben in Afrika und die Kultur der Indianer und Inuit Nordamerikas informieren (tgl. 10–17.45, Rose Center Fr 10–20.45 Uhr; 14 $, mit Space Show 19 $, günstiger mit City Pass, s. S. 98; www.amnh.org).

12 Unbedingt einen Besuch wert ist das **Rose Center for Earth and Space,** das dem Naturkundemuseum angegliedert ist. Mit modernsten Mitteln werden hier Ausstellungen zur Geschichte der Erde und des Universums präsentiert. Besonders spannend sind die Space Shows, die von Tom

Hanks bzw. Harrison Ford kommentiert werden. Jeden Freitagabend gibt es »Under the Sphere« Jazz live.

Sollte der Besuch des Museums zufällig auf einen Sonntag fallen, lohnt es sich, anschließend die Ecke 77th St./Columbus Ave. anzusteuern: Dort ist nämlich **Flohmarkt.**

Apartmenthäuser am Broadway

Der Broadway zeigt sich auf dieser Höhe als Prachtstraße: Hier sind noch großartige alte Apartmenthäuser zu bewundern, so etwa das **Ansonia** 105 an der 73rd Street. Es stammt von 1901 und erregte damals durch seine opulente Ausstattung Aufsehen: Zwei Swimmingpools gehörten zum Inventar, im Brunnen im Foyer tummelten sich Seehunde, und auf dem Dachgarten streifte ein Bär frei herum. Die Bewohner dieses Hauses waren so außergewöhnlich wie das Ambiente.

Architektonisch ebenso interessant sind ein Stück weiter nördlich die **Apthorp Apartments** 106, die zwischen 1906 und 1908 für William Waldorf Astor erbaut wurden.

Als Außenseiter mag man in **Zabar's** (Ecke 81st St./Broadway) nicht mehr sehen als ein Delikatessen- und Haushaltswarengeschäft mit einer unerschöpflichen Vielfalt an Waren: Hunderte von Käsesorten, Wurstwaren und importierte Biere, italienische Nudelmaschinen, chinesische Woks, französische Kupfertöpfe ... Für die New Yorker ist Zabar's jedoch ein Stück Lebensgefühl, ein Pilgerziel der Feinschmecker. Hier trifft man sich, hier werden Neuigkeiten ausgetauscht – wie auf einem mittelalterlichen Marktplatz.

Spaziert man den Broadway weiter hinauf, kommt man noch an zwei weiteren wunderschönen Apartmentbauten vorbei: den **Belnord Apartments** 107 und den **Astor Court Apartments** 108.

Dakota in Manhattan

Das erste Gebäude, das die Gegend westlich des Parks hoffähig machte, war das American Museum of Natural History, das 1877 eröffnet wurde. Sieben Jahre später zog der erste vermögende Privatmann hinauf in den Westen: Edward Clark. Der Singer-Nähmaschinen-Erbe konnte es sich leisten, direkt am Park auf der Höhe der 72nd Street ein Apartmenthaus im Stil eines Schlosses zu errichten. Das adelige Ambiente wählte Clark, um seinen Mietern die Schwellenangst zu nehmen: Die New Yorker Oberschicht fand Apartmenthäuser damals noch vulgär. Auch was die Lage des »Schlosses« betraf, rümpfte die Fifth Avenue Society die Nase: So weit weg vom Geschehen, da könne man ja gleich in den Bundesstaat Dakota ziehen ... Und schon hatte das Haus seinen Spitznamen: The Dakota. Allen Vorbehalten zum Trotz: die Upper West Side setzte sich durch, und in Apartments zu leben wurde absolut chic, wie die Reihe der großartigen Bauten beweist, die die westliche Seite des Central Park säumen.

8 Karte Seite 90

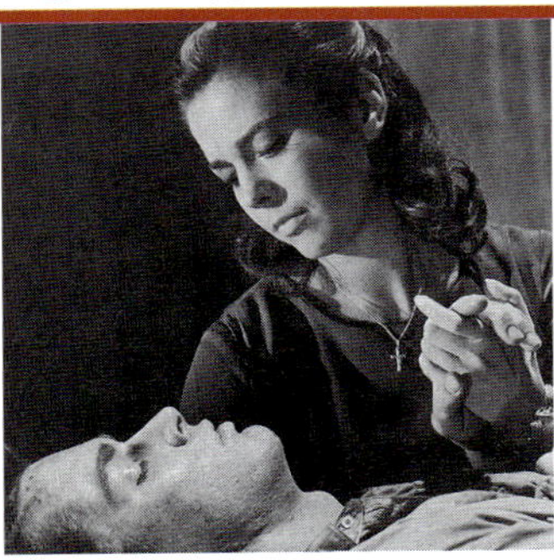

Tony und Maria – Szene aus dem Musical »West Side Story«

Riverside Drive

Über die 88th Street gelangt man zum Riverside Drive. Früher säumten prächtige frei stehende Villen die Straße; die Aussicht auf das Grün des **Riverside Park** und den Hudson River hatte diejenigen angelockt, die Ende des 19. Jhs. zu Geld gekommen waren. Eine Idee davon, wie hier residiert wurde, vermittelt die **Isaac L. Rice Residence** 109 (Ecke 89th St.), ein Bau aus dem Jahr 1901, auch »Villa Julia« genannt. Außer einem Stadtpalast an der 107th Street ist dies die einzige frei stehende Villa, die am Riverside Drive noch erhalten ist. Die anderen Bauten sind mächtige Reihenhäuser, prachtvoll und teuer freilich auch sie.

St. John the Divine gehört zu den interessantesten Kirchen der Stadt. Die episkopalischen Geistlichen verstehen sich als Mittler zwischen den Kulturen und Religionen. Ein Muss für Tierfreunde: Die Segnung der Tiere (Anfang Oktober), zu der die New Yorker ihre Lieblinge mit zur Messe nehmen (Amsterdam Ave./112th St., www.stjohndivine.org).

Die West Side Story

Eigentlich hatte Leonard Bernstein vor, sein Musical in der Lower East Side anzusiedeln: Eine aussichtslose Liebe zwischen einem jüdischen Mädchen und einem italienischen Jungen sollte das Thema sein. Dann überschlugen sich Mitte der 1950er Jahre die Ereignisse in der Upper West Side; weiße und puertoricanische Jugendbanden bekämpften einander, und Bernstein aktualisierte sein Stück, nannte es »West Side Story« und wählte eine Puertoricanerin und einen Weißen als Protagonisten.

Die Masseneinwanderung der Puertoricaner setzte in den 1950er Jahren ein – 600 000 der Inselbewohner strömten damals nach New York. El Barrio, das Viertel, in dem die Hispanier bis dato gelebt hatten, wurde zu eng, und die Puertoricaner zogen auf die westliche Seite des Central Park. Von Norden nach Süden übernahmen sie einen Block nach dem anderen. Die Weißen zogen panikartig aus, sobald sich die erste puertoricanische Familie in ihrer Nähe niederließ. Es blieben nur die Künstler, die das Viertel liebten und den billigen Wohnraum schätzten, und die Weißen, die so arm waren, dass sie sich den Umzug nicht leisten konnten. Bittere Kämpfe begannen zwischen Weißen, Schwarzen und Puertoricanern; bewaffnete Banden bekriegten sich; San Juan Hill, ein Slum, der sich in den 60er Streets befand, galt als eine der übelsten Gegenden der Stadt.

8
Karte Seite 90

Infos von A–Z

Ärztliche Versorgung

Leistungen der Ärzte und Krankenhäuser müssen sofort in bar oder mit Kreditkarte bezahlt werden. Da jeder ausländische Besucher grundsätzlich nur als Privatpatient behandelt wird und die Kosten hoch sein können, ist der Abschluss einer privaten Reisekrankenversicherung zu empfehlen.

Bei der Einnahme von Medikamenten sollte man die Zeitverschiebung beachten. In den USA sind viele Medikamente rezeptpflichtig, die zu Hause rezeptfrei sind. Es ist sinnvoll, für ständig benötigte Medikamente eine Rezeptkopie mitzubringen, damit ein Arzt in New York nötigenfalls Nachschub verschreiben kann. Die Adressen deutschsprachiger Ärzte erhält man bei den Generalkonsulaten.

- Apotheke mit 24-Stunden-Bereitschaft: Kaufmann Pharmacy, Lexington Ave./50th St.,Tel. 755-2266.

Alkohol

Recht strenge *liquor laws* regeln den Ausschank und Verkauf von Alkohol in den USA. Die Gesetzgebung ist von Staat zu Staat unterschiedlich. In New York kann man Alkoholika nur in den staatlichen *liquor stores* kaufen – mit Ausnahme von Bier, das auch in Lebensmittelläden erhältlich ist. Verkauf bzw. Ausschank ist nur an Personen ab 21 Jahren erlaubt.

Wenn man in einem Restaurant Wein oder andere Alkoholika trinken möchte, achte man darauf, dass es eine Lizenz *(licence)* hat (s. S. 25).

Behinderte

Die USA sind ein sehr behindertenfreundliches Reiseland. Überall gibt es Aufzüge, Rampen für Rollstuhlfahrer, besondere Parkplätze und in sämtlichen öffentlichen Gebäuden auch behindertengerechte Toiletten.

Devisenbestimmungen

Die Ein- und Ausfuhr von Fremd- und Landeswährung ist keinen Beschränkungen unterworfen; werden bei der Ein- oder Ausreise Zahlungsmittel (Bargeld, Reiseschecks u. ä.) im Wert von mehr als 10 000 $ mitgeführt, ist Deklaration erforderlich.

Diplomatische Vertretungen

- **Deutschland:** Generalkonsulat, 871 United Nations Plaza, (1st Ave./Ecke 49th St.), Tel. (212) 610-9700, Fax 940-0402

Maße und Temperatur

Länge

1 inch (in.) = 2,54 cm
1 foot (ft.) = 12 inches = 30,48 cm
1 yard (yd.) = 3 feet = 91,44 cm
1 mile (mi.) = 1,609 km

Volumen

1 gill (gl.) = 0,118 Liter
1 pint (pt.) = 4 gills = 0,473 Liter
1 quart (qt.) = 2 pints = 0,946 Liter
1 gallon (gal.) = 4 quarts = 3,785 Liter

Gewicht

1 ounce (oz.) = 28,35 g
1 pound (lb.) = 16 ozs. = 453,6 g
1 stone (st.) = 14 lbs. = 6,35 kg
1 quarter (qr.) = 25 lbs. = 11,339 kg
1 hundredweight = 4 qrs. = 45,359 kg
1 ton(t) = 2000 lbs. = 907 kg

Temperatur

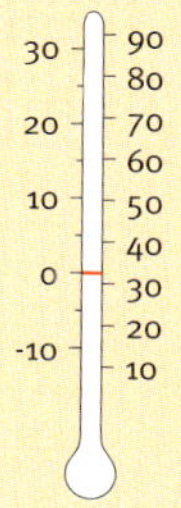

- **Österreich:** Generalkonsulat, 31 E. 69th St., Tel. (212) 737-6400 bis -6404, Fax 772-8926
- **Schweiz:** Generalkonsulat, 633 3rd Ave., Tel. (212) 599-5700, Fax 599-4266

Einreise
Reisende aus Deutschland, Österreich und der Schweiz benötigen für die Einreise einen noch für die Reise gültigen Reisepass, jedoch kein Visum, wenn ihr Aufenthalt 90 Tage nicht überschreitet und sie ein gültiges Rückflugticket vorweisen können. Vorgeschrieben ist ein maschinenlesbarer Pass (roter EU-Pass; s. auch www.auswaertiges-amt.de).

Reisepässe, die nach dem 25.10.05 ausgestellt werden, müssen über ein digitales Lichtbild verfügen. Reisepässe, die nach dem 25.10.06 ausgestellt werden, müssen zusätzlich über biometrische Daten in Chipform verfügen. Bei der Einreise in die USA wird von allen Reisenden ein digitaler Fingerabdruck und ein digitales Porträtfoto angefertigt. Ein Visum benötigt, wer länger als 90 Tage in den USA bleiben will. Visa werden nur nach persönlicher Vorstellung in der zuständigen Botschaft oder im Konsulat im Heimatland erteilt (Anmeldung einige Wochen vorab nötig).

Elektrizität
Die Netzspannung in Amerika beträgt 110 Volt. Für die Benutzung seiner elektrischen Geräte braucht man einen Zwischenstecker, den man sich am besten schon zu Hause besorgt.

Ermäßigung
Der **City Pass** verschafft Eintritt ins Guggenheim Museum, Empire State Building, MoMa, American Museum of Natural History, Intrepid Sea-Air-Space Museum und berechtigt zu einer Circle Line Harbor Cruise. Er kostet für Erwachsene 63 $ und ist bei den erwähnten Sehenswürdigkeiten erhältlich.

Feiertage
- New Year's Day: 1. Jan.
- Martin Luther King Day: 3. Montag im Jan.
- President's Day: 3. Montag im Feb.
- Memorial Day (Heldengedenktag): letzter Montag im Mai
- Independence Day (Tag der Unabhängigkeit): 4. Juli
- Labor Day (Tag der Arbeit): 1. Montag im Sept.
- Columbus Day: 2. Montag im Okt.
- Veterans Day (Soldatengedenktag): 11. Nov.
- Thanksgiving Day (Erntedankfest): 4. Donnerstag im Nov.
- Christmas Day: 25. Dez.

Fällt ein Feiertag auf einen Sonntag, so ist der darauf folgende Montag frei.

Filme
Um Sprengstoffe aufzuspüren, werden auf großen Flughäfen der USA neue Gepäckkontrollgeräte verwendet, die nicht mehr filmsicher sind. In welchen Städten diese Geräte zum Einsatz kommen, bleibt aus Sicherheitsgründen geheim; also Filme besser im Handgepäck verstauen.

Fotografieren
Farb- und Diafilme sind in Fotogeschäften und in vielen Souvenirläden erhältlich, allerdings oft zu höheren Preisen als in Deutschland.

Geld und Währung
Die Währungseinheit ist der Dollar ($) = 100 Cents (¢). Den Wechselkurs erfragt man bei der Bank. Folgende Münzen sind im Umlauf: Penny (= 1 ¢), Nickel (= 5 ¢), Dime (= 10 ¢), Quarter

(= 25 ¢), Half Dollar (= 50 ¢) und 1 $. Banknoten gibt es im Wert von 1, 2, 5, 10, 20, 50 und 100 $. Alle Dollarnoten haben die gleiche Größe und grüne Farbe; sie unterscheiden sich nur durch den Wertaufdruck und den abgebildeten Staatsmann.

Man nimmt am besten eine Kreditkarte und Dollar-Reiseschecks mit (kleine Stückelung); auch etwas Bargeld (in kleinen Scheinen) kann nützlich sein. Dollar-Reiseschecks werden sehr häufig wie Bargeld in Zahlung genommen; die meisten Banken tauschen sie in Dollarnoten um. Auch Geldautomaten, an denen man mit der EC/Maestro-Karte Bares bekommt, sind weit verbreitet.

Handy

Mit den meisten in Europa genutzten Handys kann man in den USA nicht telefonieren. Eine Ausnahme bilden so genannte Tri-Band-Geräte, die mit dem amerikanischen GSM-1900-Standard kompatibel sind. Bei großen Providern wie Vodafone oder T-Mobile kann man für die Dauer einer USA-Reise GSM-1900-Handys mieten.

Informationen

Allgemeine Auskünfte und Unterlagen für die Reisevorbereitung:

- **News Plus Communications,** Sonnenstr. 9, 80331 München, Tel. (0 89) 23 66 21 49
- **New York City & Company Convention & Visitors Bureau,** 810 7th Ave., NY 10019, Tel. (212) 484-1200, www.nycvisit.com. Man spricht Deutsch.
- **Times Square Visitors Center,** 1560 Broadway (zwischen 46th/47th Sts.), www.timessquarebid.org, tgl. 8–20 Uhr. Auch Verkauf von Broadway-Tickets und *metrocards.*
- **City Hall Park Visitor Information Kiosk,** Südspitze des City Hall Park, Broadway/Park Row, tgl. 8–20 Uhr.

Internet

Internet-Cafés sind in den USA weit verbreitet – sie haben bis in den späten Abend oder sogar rund um die Uhr geöffnet. Besonders benutzerfreundlich ist ein Notebook mit Drahtlos-Funktionalität (WLAN): Damit kann man sich an immer mehr öffentlichen Plätzen (z. B. an Bahnhöfen und Flugplätzen) gegen Entrichtung einer Gebühr ins Internet einwählen.

Die meisten Public Libraries bieten Internet-Zugang umsonst oder gegen eine geringe Gebühr. Im Times Square Visitor Center kann man E-Mails kostenlos verschicken. In den Internet-Cafés zahlt man rund 15 $ pro Stunde.

Kleidung

Freizeitkleidung allein ist im progressiven New York nicht ausreichend; in bestimmten Situationen ist die Kleiderordnung sogar strenger als in Deutschland. Viele der besseren Restaurants verlangen formelle Kleidung (bei Herren Jackett und Krawatte). Geschäftsreisende müssen besonders auf exakte Kleidung achten.

Mehrwertsteuer

Die Mehrwertsteuer ist in den USA nie in den ausgeschilderten Preisen enthalten. An der Kasse zahlt man jeweils den Grundpreis plus 8,625 % Verkaufssteuer *(sales tax).* Kleidung und Schuhe mit einem Warenwert unter 110 $ sind mittlerweile ganzjährig von der Steuer befreit. Auf Hotelrechnungen werden stolze 13,25 % aufgeschlagen. Zu dieser *room tax* (Zimmersteuer) kommt noch eine *transient occupancy tax* (Durchreisesteuer), die 2 $ pro Nacht beträgt.

Notruf

Der Operator – zu erreichen über 0 – hilft auch bei Notfällen. Feuer, Polizei, Ambulanz 911.

Öffnungszeiten

- **Geschäfte:** Es gibt kein Ladenschlussgesetz; viele Läden haben rund um die Uhr geöffnet. Die großen Kaufhäuser in Midtown sind sonntags geschlossen, jüdische Geschäfte (z. B. in der Orchard St.) samstags.
- **Banken:** meist Mo–Fr 9–15 Uhr, an einem Tag der Woche (Do oder Fr) bis 18 Uhr.
- **Postämter:** überwiegend Mo–Fr 9–18, Sa 8–12 Uhr, General Post Office täglich 7.30–20 Uhr.

Rauchen

Seit Juli 2003 ist New York Nichtraucherzone – sprich, das Rauchen ist nur noch auf der Straße erlaubt. Zigaretten sind außerdem sehr teuer: 7,50 $ zahlt man für eine Schachtel.

Sightseeing (Auswahl)

Mit dem Bus:

- **Gray Line,** 777 8th Ave., zwischen 47th und 48th Sts., Tel. (212) 445-0848, www.newyorksightseeing.com. Eines der bekanntesten Busunternehmen mit breitem Angebot. Die einzelnen Touren (auch auf deutsch) dauern zwischen zwei und acht Stunden.

Mit dem Schiff:

- **Circle Line Sightseeing Cruises,** Pier 83, W. 42nd St., Tel. (212) 563-3200, www.circleline42.com. Eine dreistündige Fahrt um die ganze Insel, die alle Aspekte Manhattans von der Flussseite aus zeigt. Täglich von März bis Ende Dezember.

Mit dem Hubschrauber:

- **Liberty Helicopter Tours,** Heliport am östlichen Ende der 31oth St., Tel. (212) 967-6464, www.libertyhelicopters.com. Manhattan von oben – nicht ganz billig, aber dafür umso aufregender!

Zu Fuß:

- **Big Apple Greeter,** Tel. (212) 669-8159, www.bigapplegreeter.org. Eine Supersache: New Yorker führen durch ihre Stadt oder ihre *neighborhood*. Man kann angeben, was einen interessiert (10–14 Tage vorher) und trifft sich dann im Hotelfoyer mit seinem Guide. Die Führungen sind kostenlos. Es ist eine Sache der Höflichkeit, dass man seinen Guide zum Lunch oder in ein Café einlädt.
- **New York Insightseeing,** Tel. (0 30) 42 85 79 49 (in Berlin) oder (718) 447-1645 (in New York), www.insightseeing-tours.de. Deutschsprachige Walking Tours zu verschiedenen Themenschwerpunkten.

Führungen mit thematischen Schwerpunkten:

- **Harlem Spirituals,** Tel. (212) 391-0900, www.harlemspirituals.com. Spaziergänge und Bustouren durch Harlem, sonntags Gospel-Trips.
- **The Grand Tour,** Tel. (212) 883-2420, www.grandcentralpartnership.org. Jeden Freitag um 12.30 Uhr findet eine 90-minütige Führung durch die Grand Central Station statt, die nach der Renovierung in neuem Glanz erstrahlt. Die Tour ist gratis. Treffpunkt: Altria Sculpture Court (42nd St./Park Ave.).

Telefon

Ortsgespräche (*local calls,* 25 ¢) kann man leicht von Telefonzellen aus führen (man beachte die Anweisungen). Ferngespräche *(long distance calls)* vermittelt der *operator* (»0«); man kann aber auch durchwählen, wenn man die Vorwahlnummer *(area code)* kennt.

Für Gespräche ins Ausland *(overseas calls)* benötigt man mit Quarters (= 25 ¢) prall gefüllte Hosentaschen; in Zweifelsfällen hilft der *overseas operator* (»0«). Vorwahl: Deutschland

0 11 49, Österreich 0 11 43, Schweiz 0 11 41 – dann Ortsvorwahl ohne die erste Null und Teilnehmernummer.

Die Alternative zum Sammeln von Quarters heißt *Prepaid Phone Card*. Es gibt sie im Wert von 5, 10 und 20 $, man erhält sie in Zeitschriften- und Lebensmittelläden. Von der Telefonzelle ruft man die auf der Karte vermerkte Nummer an und kann dann nach Eingabe der Karten-Geheimnummer die gewünschte Telefonnummer wählen.

Eine Besonderheit sind die kostenlosen 1-800-Nummern, über die man bei Hotels, Fluggesellschaften oder Autovermietern reservieren kann. Das Telefonieren vom Hotel aus kann teuer werden, da viele Hotels unverschämt hohe Zusatzgebühren verlangen!

In New York gibt es zwei Vorwahlnummern *(area codes)*: 212 für Manhattan und die Bronx, 718 für Brooklyn, Queens und Staten Island.

Toiletten

Gewöhnlich bezeichnet man Toiletten mit *Rest Room* oder *Ladies' Room* für Damen, und mit *Men's Room* oder *Lavatory* für Herren. Öffentliche Toiletten sind selten; es empfiehlt sich deshalb, ein Kaufhaus, eines der Kettenrestaurants oder eines der großen Hotels aufzusuchen.

Trinkgelder

In den USA erhält der Angestellte in Dienstleistungsberufen vom Arbeitgeber oft nur den Mindestlohn; den größten Teil seines Einkommens bezieht er direkt vom Bedienten über das Trinkgeld.

Im Restaurant lässt man daher mindestens 15 % des Rechnungsbetrages auf dem Tisch liegen. Folgende Trinkgelder werden erwartet: für die üblichen Dienste (Roomservice, Taxibestellung etc.) 1 $, Kofferträger pro Gepäckstück 1 $, Zimmermädchen pro Tag 2 $, Zimmerkellner und Taxifahrer 10 bis 15 % des Rechnungsbetrages, Schuhputzer und Garderobenpersonal 1 $, an der Bar 50 ¢ pro Drink.

Vorsichtsmaßnahmen

New York ist sicherer geworden, aber wie in jeder Großstadt sollte man auch hier bestimmte Vorsichtsmaßnahmen treffen.

- Den Hotelsafe benutzen.
- Darauf achten, wohin man geht. Ändert sich der Charakter einer Straße zum Schlechteren, sollte man umdrehen. Einsame Straßen und Parks meiden, v. a. nachts.
- Nie größere Bargeldbeträge bei sich tragen. Mit Reiseschecks und Kreditkarte kann man fast überall bezahlen.
- Sollte man wirklich überfallen werden: dem Straßenräuber schnell und ohne Gegenwehr geben, was er will.

Zeit

In New York gilt die Eastern Time (MEZ minus 6 Std.) Von Anfang April bis Ende Oktober ist Sommerzeit *(daylight saving time)*, d. h. die Uhren werden um eine Stunde vorgestellt. Die Stunden von 0 bis 12 Uhr werden mit dem Zusatz a. m. (ante meridiem = vormittags), die Stunden von 12 bis 24 Uhr mit p. m. (post meridiem = nachmittags) näher bezeichnet. 15 Uhr heißt also 3 p. m.

Zoll

Zollfrei eingeführt werden dürfen 200 Zigaretten oder 50 Zigarren oder 2 kg Tabak, weiterhin 1 l Alkohol und Geschenke bis zum Wert von 100 $. Blumen und Lebensmittel aus tierischen und pflanzlichen Erzeugnissen (Obst, Wurst) dürfen nicht eingeführt werden. Für die Wiedereinreise ins Heimatland ist zu beachten, dass Geschenke den Wert von 175 € bzw. 300 CHF nicht übersteigen dürfen.

Mini-Dolmetscher Amerikanisches Englisch

Allgemeines

Guten Morgen.	Good morning. [gud **mohr**ning]
Guten Tag. (nachmittags)	Good afternoon. [gud äfter**nuhn**]
Hallo!	Hi! [hai]
Wie geht's?	How are you? [hau **ahr**‿ju]
Danke, gut.	Fine, thank you. [**fain, θänk**‿ju]
Ich heiße ...	My name is ... [mai **nehm**‿is]
Auf Wiedersehen.	Bye-bye. [baibai]
Morgen	morning [**mohr**ning]
Nachmittag	afternoon [äfter**nuhn**]
Abend	evening [**ihw**ning]
Nacht	night [nait]
morgen	tomorrow [tu**morr**oh]
heute	today [tu**deh**]
gestern	yesterday [**jes**terdeh]
Sprechen Sie Deutsch?	Do you speak German? [du‿ju spihk **dsehöhr**mən]
Wie bitte?	Pardon? [**pahr**dn]
Ich verstehe nicht.	I don't understand. [ai **dohnt** ander**ständ**]
Würden Sie das bitte wiederholen?	Would you repeat that please? [wud‿ju ri**piht** ðät, **plihs**]
bitte	please [**plihs**]
danke	thank you [**θänk**‿ju]
Keine Ursache.	You're welcome. [johr **wäll**kamm]
was / wer / welcher	what / who / which [wott / huh / witsch]
wo / wohin	where [wäər]
wie / wie viel	how / how much [hau / hau **matsch**]
wann / wie lange	when / how long [wänn / hau **long**]
Wie heißt das?	What is this called? [**wott**‿**is** ðis **kohld**]
Wo ist ...?	Where is ...? [**wäər**‿is ...]
Können Sie mir helfen?	Can you help me? [kän‿ju **hälp**‿mi]
ja	yes [jäss]
nein	no [noh]
Entschuldigen Sie.	Excuse me. [iks**kjuhs** mi]

Sightseeing

Gibt es hier eine Touristeninformation?	Is there a tourist information? [is‿ðər‿ə **tuə**rist infərmehschn]
Haben Sie einen Stadtplan / ein Hotelverzeichnis?	Do you have a city map / a list of hotels? [du‿ju häw‿ə **ßit**i mäpp / list‿əw hoh**tälls**]
Welche Sehenswürdigkeiten gibt es hier?	What are the local sights? [**wott**‿ahr ðə **loh**kl **ßaits**]
Wann ist ... geöffnet?	When are the opening hours of ...? [**wänn**‿ahr ði **ohp**ning auers əw ...]
das Museum	the museum [ðə mju**sih**əm]
die Kirche	the church [ðə **tschöhr**tsch]
die Ausstellung	the exhibition [ði egsi**bischn**]
Wegen Restaurierung geschlossen.	Closed for restoration. [**klohsd** fər räßtə**rehschn**]

Shopping

Wo gibt es ...?	Where can I find ...? [**wäər** kən‿ai **faind** ...]
Wie viel kostet das?	How much is this? [**hau**‿matsch **is**‿ðis]
Das ist zu teuer.	This is too expensive. [ðis‿is **tuh** iks**pänn**ßiw]
Das gefällt mir (nicht).	I like it. / I don't like it. [ai **laik**‿it / ai **dohnt laik**‿it]
Gibt es das in einer anderen Farbe / Größe?	Do you have this in a different color / size? [du‿ju **häw**‿ðis in‿ə **diff**rənt **kall**er / **ßais**]
Ich nehme es.	I'll take it. [ail **tehk**‿it]
Wo ist eine Bank?	Where is a bank? [**wäər**‿is ə‿**bänk**]
Ich suche einen Geldautomaten.	I am looking for an ATM. [aim **luck**ing fər‿ən **ätihem**]
Geben Sie mir zwei Pfund (ca. 900 g) Pfirsiche / Tomaten.	Could I have two pounds of peaches / of tomatoes. [kud‿ai häw **tuh paunds**‿əw **pih**tschis / tə**mäi**tohs]
Haben Sie deutsche Zeitungen?	Do you have German newspapers? [du‿ju häw **dsehöhr**mən **nuhs**pehpers]
Wo kann ich telefonieren / mit meiner (Telefon-) Kreditkarte?	Where can I make a phone call / with my credit card? [**wäər** kən‿ai mehk‿ə **fohn**‿kohl / wið mai **krädit**‿kahrd]

Notfälle

Ich brauche einen Arzt / Zahnarzt.	I need a doctor / a dentist. [ai **nihd**‿ə **dock**ter / ə **dänn**tist]
Rufen Sie bitte einen Krankenwagen / die Polizei.	Please call an ambulance / the police. [**plihs** kohl ən‿**ämm**bjuləns / ðə pə**lihs**]
Wir hatten einen Unfall.	We've had an accident. [wihw **häd** ən‿**äck**ßidənt]
Wo ist das nächste Polizeirevier?	Where is the nearest police station? [**wäər**‿is ðə **niə**rəst pə**lihs** stehschn]
Ich bin bestohlen worden.	I have been robbed. [ai həw bihn **robbd**]
Mein Auto ist aufgebrochen worden.	My car has been broken into. [mai **kahr** həs bihn **broh**kən **inn**tu]

Essen und Trinken

Die Speisekarte, bitte.	The menu please. [ðə **männ**ju plihs]
Brot	bread [bräd]
Kaffee	coffee [**koffi**]
Tee	tea [tih]
mit Milch / Zucker	with milk / sugar [wið‿**milk** / **schugg**er]
Orangensaft	orange juice [**orr**əndseh‿dsehuhs]
Mehr Kaffee, bitte.	Some more coffee please. [ßəm‿mohr **koffi** plihs]
Suppe	soup [ßuhp]
Fisch	fish [fisch]
Meeresfrüchte	seafood [**ßih**fud]
Fleisch	meat [miht]
Geflügel	poultry [**pohl**tri]
Beilage	sidedish [**ßaid**‿disch]
vegetarische Gerichte	vegetarian food [wädsehə**tär**iən fud]
Salat	salad [**ßäl**əd]
Dessert	dessert [di**söhrt**]
Obst	fruit [fruht]
Eis	ice cream [ais **krihm**]
Wein	wine [wain]
weiß / rot / rosé	white / red / rosé [wait / räd / **roh**seh]
Bier	beer [bir]
Aperitif	aperitif [ə**pärr**ətihf]
Wasser	water [**woh**der]
Mineralwasser	mineral water [**minn**rəl wohder]
mit / ohne Kohlensäure	sparkling / still [**spahr**kling / still]
Limonade	lemonade [lämmə**nehd**]
Frühstück	breakfast [**bräck**fəst]
Mittagessen	lunch [**lanntsch**]
Abendessen	dinner [**dinn**er]
ein Imbiss	a snack [ə‿**ßnäck**]
Ich möchte bezahlen.	The check, please. [ðə **tscheck,** plihs]
Es war sehr gut / nicht so gut.	It was very good / not so good. [it‿wəs **wärri gud** / **nott**‿ßoh **gud**]

Im Hotel

Ich suche ein gutes / nicht zu teures Hotel.	I am looking for a good / not too expensive hotel. [aim **luck**ing fər‿ə **gud** / **nott** tu ick**spänn**ßiw hoh**täll**]
Ich habe ein Zimmer reserviert.	I have booked a room. [ai həw **buckt** ə **ruhm**]
Ich suche ein Zimmer für ... Personen.	I am looking for a room for ... persons. [aim **luck**ing fər‿ə **ruhm** fər ... **pöhr**ßns]
Mit Dusche.	With shower. [wið **schau**ər]
Mit Balkon.	With a balcony. [wið‿ə **bälk**əni]
Ist das Zimmer mit Fernseher / Telefon?	Does the room have a television / telephone? [das ðə ruhm häv ə **te**ləvischn / **te**ləfoun]
Wie viel kostet das Zimmer pro Nacht?	How much is the room per night? [**hau**‿matsch is ðə ruhm pər‿**nait**]
Mit Frühstück?	Including breakfast? [in**kluh**ding **bräck**fəst]
Kann ich das Zimmer sehen?	Can I see the room? [kən‿ai **ßih** ðə ruhm]
Haben Sie ein anderes Zimmer?	Do you have another room? [du‿ju **häw əna**ðer ruhm]
Das Zimmer gefällt mir (nicht).	I like the room. / I don't like the room. [ai **laick** ðə ruhm / ai **dohnt laick** ðə ruhm]
Kann ich mit Kreditkarte bezahlen?	Do you accept credit cards? [du‿ju əck**ßäppt krädit**‿kahrds]
Wo kann ich parken?	Where can I park the car? [**wäər** kən‿ai **pahrk** ðə **kahr**]
Können Sie das Gepäck in mein Zimmer bringen?	Could you bring the baggage to my room? [kud‿ju **bring** ðə **bägg**idsch tə‿mai **ruhm**]
Ich reise / Wir reisen morgen / heute ab.	I'm checking out / We're checking out tomorrow / today. [eim **tsche**king aut / wihr **tsche**king aut təmarou / tə**däi**]
Die Rechnung bitte.	I'd like my bill, please. [eid leik mei bil pliehs]

Sachregister

Personenregister